梶並千春
チャイナMBAマネジメント協会
アジアMBA卒業生執筆チーム

アジアでMBA

もっと気軽に、
もっと成長できる場所へ

英治出版

はじめに

『アジアで MBA』というタイトルをご覧になって、「アジア」と「MBA」の組み合わせを意外に思われた方は多いかもしれません。

　日本では、アジアの MBA、ビジネススクールは、まだほとんど知られていません。情報もほとんどありません。私がアジアの MBA に興味を持ったとき、得られる情報といえば、各学校の公式ホームページ以外には、数少ない卒業生が在学中に書いたブログしかありませんでした。受験校選びの際、各学校の実態を知るのにとても苦労したものです。

　情報が限られるため、アメリカや欧州の MBA と比べてアジアの MBA の認知度が「日本において」低いのは当然です。しかし、実はアジアには、欧米に引けを取らない、世界トップクラスのビジネススクールが幾つもあります。その教育レベルも、国の経済成長と比例するように、高まっています。にもかかわらず、アジア MBA についての情報が圧倒的に不足している。これはあまりにも、もったいないことです。

　私は情報不足に苦しんだ受験時代の思いから、香港・北京の MBA に留学している間、未来の受験生のために授業の様子、学校生活、海外での生活事情などをブログに綴ってきました。2010 年 1 月に MBA を取得して帰国し、成田空港に降り立ったとき、私の胸の中は、
「海外に出たこと」
「MBA に行ったこと」
「そしてアジアを選んだこと」
　このすべてが最良の選択肢であったという思いと、それをやり遂げた達成感でいっぱいでした。

帰国後も香港に限らずアジア各地のMBAの日本人卒業生と交流する中で、この思いは私だけではなく、他のアジアMBA卒業生にも共通する思いだということがわかりました。卒業生誰もが、「アジアMBAを選んでよかった」、そして「日本でアジアMBAが知られていないのは残念だ」という思いを持っているのです。

　私たちの経験をシェアして、もっと多くの人に「アジアのMBA」について知ってもらいたい。そう考え、この本を企画しました。

　本書は、日本で初めての「アジアMBA」に関する本です。もともとアメリカ留学を考えていながらアジアMBAを選択した私の体験談や、アジアMBAの基本的な情報に加え、5つのエリア（中国大陸、香港、シンガポール、インド、韓国）の14校、総勢21名の卒業生による多種多様な体験記とレポート、そしてMBA各校の公式情報を掲載しています。

　キャリアの中で海外に出たいもののきっかけをつかめずにいる人。
「グローバル人材」というキーワードが気になっている人。
「アジア」というエリアに漠然と興味、可能性を感じている人。
「MBAなんて無理」と自分でハードルを上げちゃっている人。
「来年MBA受験します！」という人。

　アジアは近いです。日本もアジアの一部です。そんな最も身近な外国にあるMBAは今、急成長しています。そんな気軽に行ける海外で、自分自身も成長してみませんか？

　みなさんにとってこの本が、海外に、アジアに、そしてMBAに一歩踏み出すきっかけになれば幸いです。

アジアでMBA
目次

はじめに…………1

Part I
熱いぞアジアMBA

MBAで人生が変わる? 10
そもそもMBAって何? 10
MBAでは何を教えてくれる? 10
MBAをとるメリットは? 12
いざMBA! 14

アジアMBAを選ぶ理由 16
MBAといえばアメリカ、の時代はもう古い 16
アジアでMBAを取る意味　(アメリカMBAとの比較) 19
なぜ私はアジアMBAを選んだのか　ニューヨークから香港・北京へ 23

アジアMBAへの入り方 28
一般的な出願・選考プロセス 28
私の受験対策 32

香港でMBA 36
いざ香港へ!　入学前後のカルチャーショック 36
入学前の試練…極限の5日間 38
毎日が修学旅行 41
授業のエピソード——中国企業へのプレゼン 42
Japan Trip企画で実感した「常識」の違い 43
香港の日本人MBA生とのつながり 44

北京でMBA 46
英語?　中国語?　本当に必要なのはどっち? 46
混沌の地、北京 48
授業のエピソード——中国のネットサービス 52

帰国、卒業…	54
結局アジアMBAって、どうなの？	56
どんな人に向いているか	56

Part II
留学体験記

清華大学経済管理学院（Tsinghua SEM） 60
河野 仁 Hitoshi Kono

世界一周の旅を経て、台頭する中国へ／初日の軍隊式トレーニングに驚愕！／グループ単位の勉強で生まれた強い絆／複雑な日中関係を背景にジャパントリップを企画／未知の分野で実践経験。コンテストにも参加し優勝！／日本への問題意識から仕事を選ぶ／日本を出てこそ得られる視点が、人生の幅を広げてくれる／未来のアジアMBA生への応援メッセージ

北京大学光華管理学院（GSM） 66
富田 建蔵 Kenzo Tomita

中国経済・社会を理解し国際的な仕事がしたい／当初は言葉がまったく通じなかった／計画的な学習・社交で2ヶ国語をマスター／中国のケーススタディが充実。自ら企業訪問も／飛び込み営業でMBAの力を知る／人格形成・キャリア形成の両面で有意義な留学／未来のアジアMBA生への応援メッセージ

長江商学院（CKGSB） 72
石川 尚 Takashi Ishikawa

自己革新めざし巨大市場・中国にフォーカス／平日は新幹線で、休日はカフェで勉強／看板教授の教える"Pricing Strategy"／刺激的な米国研修プログラム／学校を代表してビジネスプランをプレゼン！／インターンシップ／交換留学／中国ビジネスに関われる場を求めて／中国にどっぷり浸れる満足度高いMBA／未来のアジアMBA生への応援メッセージ

中欧国際工商学院（CEIBS） 78
山田 亮太 Ryota Yamada

国境を越えて活躍できる人材をめざして／情報不足と孤独との戦い／実践的な課題解決にチームで挑む／努力実って最高の評価を獲得！／楽しいイベントが一杯／可能な限り中国語漬けの生活／休暇には中国各地を旅行／業界も国もまたぐ転職は難。同級生の人脈が奏功／想像もできなかった未来へ／未来のアジアMBA生への応援メッセージ

中山大学嶺南（大学）学院　　　　　　　　　　　　84

菊地　敬　Takashi Kikuchi

キャリアパスの中で中山大学嶺南学院MBAを選択／留学決心から短期間での受験・入学許可取得／学内居住の家族向けの生活環境／リアルな現実を踏まえた授業の数々／イベント企画で中国人理解を深める／交換留学を通した中国人学生のキャリア展開／スポンサーからの支援で賄われる学校施設・活動／短期間に面接22社！　就活はどぶ板方式で／級友との出会いが一番の成果／未来のアジアMBA生への応援メッセージ

- MBA後、現地で就職［中国大陸編］　　　　　　　　　90
  長江商学院MBA卒業生　大内　昭典

香港中文大学（CUHK）　　　　　　　　　　　　94

石田　宏樹　Hiroki Ishida

世界中から優秀な人材が集まる香港へ／仕事との両立ができるのは、長くても2年／各国MBAへの交換留学も含む16ヶ月／クラスメートと密に時間を共有／これからのビジネス界を象徴する国籍構成／思いがけず立候補することになった学生会選挙／こたえたプレゼンテーションのフィードバック／極めて厳しかった現地での就職／自分の目指す方向にキャリアを進めることができた／未来のアジアMBA生への応援メッセージ

香港科技大学（HKUST）　　　　　　　　　　　　100

大前　敬祥　Takayoshi Omae

21世紀はアジアの世紀。差別化視点で学校選び／短い準備期間、自己流でクリア／アジアのビジネスリーダー育成をめざす少人数授業／中国消費者向けのブランディングを学ぶ／学生会代表を務めたことで得た学び／卒業パーティーで3冠受賞／自ら立ち上げたジャパンクラブ／学びを社会に還元するために／自己評価は90点　得られた機会に感謝／未来のアジアMBA生への応援メッセージ

- Part-time MBA　　　　　　　　　　　　106
  香港科技大学MBA卒業生　植原　英明

香港大学（HKU）　　　　　　　　　　　　110

片山　麻美子　Mamiko Katayama

リーマンショック後、アジア金融の中心地へ／海外経験ゼロからの挑戦／数字の裏の真実を解き明かす／グループで毎週レポートを提出／限られた時間の中、さまざまな時間を共有／希望していたグローバル化推進の仕事に／未来のアジアMBA生への応援メッセージ

- MBA後、現地で就職［香港編］　　　　　　　　　116
  香港科技大学MBA卒業生　鈴木　康士

- 社費で行くアジアMBA ①　　　　　　　　　120
  香港中文大学MBA卒業生　岡田　洋司

シンガポール国立大学（NUS） 124
太田 剛史 Takefumi Ota

新興国のハブにある国際的評価も高いMBA／仕事後も深夜まで勉強／実務に役立つマーケティング・メトリクス／リー・クワン・ユー公共政策大学院での授業／インド人の仲間とケースコンペに参加／ビジネスプランのプレゼンで優勝／自分に合わせて選べる魅力的なカリキュラム／インターンの機会は豊富。3社を経験／スカイプ面接などを経て希望に合う企業に採用／グローバルな人脈を築けるMBA／未来のアジアMBA生への応援メッセージ

早稲田 - ナンヤンダブル MBA 130
向井 秀明 Hideaki Mukai

シンガポールと日本の両方で学べるユニークなMBA／テクノロジーとeビジネス／マネジメント視点での問題解決／多種多様な仲間、国民性の違いを実感／最下位も優勝も経験！／シンガポールと日本、両国にまたがるネットワーク／ダブルMBAであることは就職時にも有利／MBAで得た自信とリターンを日々実感／未来のアジアMBA生への応援メッセージ

ナンヤン工科大学（NTU） 136
岩井 宏之 Hiroyuki Iwai

アジアで仕事をしたいから／反対を押し切って平日夜と休日に猛勉強／実際のビジネスにケースライターはいない／会計学こそMBAで学ぶべき学問／子持ちの友人と家族ぐるみで交際／プレゼンでウケを取るのは日本人の特技？／閑静な学習環境、学内にもジャングルが／バラエティ豊かな食堂／職場復帰後に希望のポジションを得るために／これまでとは異なる仕事の仕方を身につける／未来のアジアMBA生への応援メッセージ

シンガポール経営大学（SMU） 142
遠藤 寛之 Hiroyuki Endo

妻の希望を叶えるために海外へ／勉強時間の確保に苦慮、不安で一杯の日々も／グローバルな視野に立った管理会計の授業／人生のためのリーダーシップ／級友40人でバンコク研修旅行／苦手意識を乗り越えチームに貢献／インターン経験をサポートするカリキュラム／入学直後から就職に向けて準備／当初の目的は実現。友人づくりは道半ば／未来のアジアMBA生への応援メッセージ

■ MBA後、現地で就職［シンガポール編］ 148
シンガポール国立大学MBA卒業生　河合 巧

インド商科大学院（ISB） 152
宮形 洋平 Yohei Miyagata

成長市場×日本人が少ないインドへ／ポイントは差別化と明確な志望理由！／タタ・ナノはなぜ失敗したのか／世界最大のBOPマーケットに挑む／インド人は議論好き！　刺激的な寮生活／自分にしかできないことを探す／インドに特化。コンサルティング業界に強い！／インド勤務を追求。海外勤務志望なら早めの対策を／ここでの学びはインドビジネスに必ず活きる！／未来のアジアMBA生への応援メッセージ

ソウル大学校（SNU） 158
大山　竜児 Ryuji Oyama

韓国 MBA なら学費ゼロの可能性も大いにあり！／仕事と勉強の両立が一番大変／意外に手厚い学生への支援／必修科目が多い授業構成／日本人留学生の「先駆者」として／想像通り卒業の就職活動は大変／未来のアジア MBA 生への応援メッセージ

■ 社費で行くアジア MBA ② 164
　香港科技大学 MBA 卒業生　斉藤　基

■ 中国語で MBA 170
　上海交通大学安泰経済与管理学院 MBA 卒業生　明石　光代

Part III
学校情報

清華大学経済管理学院（Tsinghua SEM）	174
北京大学光華管理学院（GSM）	178
長江商学院（CKGSB）	183
中欧国際工商学院（CEIBS）	186
中山大学嶺南（大学）学院	190
香港中文大学（CUHK）	193
香港科技大学（HKUST）	197
香港大学（HKU）	200
シンガポール国立大学（NUS）	203
早稲田 – ナンヤンダブル MBA	208
ナンヤン工科大学（NTU）	211
シンガポール経営大学（SMU）	213
インド商科大学院（ISB）	216
ソウル大学校（SNU）	218

おわりに…………220

Part I

熱いぞ
アジア
MBA

MBAで人生が変わる?

そもそもMBAって何?

「MBA」という言葉を私が知ったのは大学時代でした。就職、仕事を意識し始めた頃、起業家インタビューのプロフィール欄に「MBA取得」とよく書かれているのを目にしたのです。

　何それ？　何の資格？　調べてみると、「Master of Business Administration」、日本語では「経営学修士」。さらに調べてみると、「経営に必要な知識を幅広く短期間で学ぶビジネススクールのこと。アメリカのビジネススクールには、世界各国から経営者を目指す若者が多く集まる」といった説明がありました。
「世界中から起業を志す若者が集う場……。なんてワクワクするところなんだろう！」

　これが私のMBAの第一印象でした。しかし、多くのビジネススクールでは入学条件として3年以上の就業経験が必要とされています。その当時の私にとっては、行きたいけれども、すぐには行けない大学院。ということで、MBAへの思いはひとまず心の中に封印しましたが、ワクワクする場というイメージはずっと持ち続けていました。そこでいったい何を学べるのか、当時の私にはあまりわかっていなかったのですが……。

MBAでは何を教えてくれる?

「MBA」は経営学修士であり、経営に必要な専門知識を短期間で学ぶ場ですが、具体的には何を勉強するのでしょうか？

経営に必要な知識といってもさまざまです。その事業領域に関わる専門知識はもちろん必要ですが、その他にも財務、マーケティング、組織、マネジメント、人事、経済など、会社を運営していくにあたっては、多岐にわたる分野への理解と、経営的観点での判断が必要となります。大きな企業では経理部や人事部など各分野にそれぞれ専門部署があったり、スペシャリストが社内にいたりしますが、彼らの分析や意見を理解し、状況に応じて適切な判断を下すことが経営者には求められます。

　平たく言うと、MBAは「経営に必要な知識を体系的に広く、浅く学べる場」なのです。

　具体的なカリキュラムは学校によって異なりますが、一例として私が卒業した香港中文大学の授業構成を紹介します。

　まず、入学してからすぐのファースト・ターム（9月〜12月）はコアコースという基礎科目の授業が集中的に行われます。マネジメント、ファイナンス、会計、マーケティング、マクロ経済、統計、戦略的経営、リーダーシップ、組織論という9科目です。[※1]

　その後は各自が選択した専攻にあわせて、自分で授業を選択していきます。香港中文大学には、起業、ファイナンス、マーケティング、中国ビジネスという4つの専攻があります。私は中国ビジネスを選択したため、基礎科目終了後のセカンド・タームとサード・タームは中国のトピックにフォーカスした授業を多く取りました。[※2]

　ただし、MBAで学べることは、学問だけではありません。

　ほとんどの授業が教授によるレクチャー形式ではなく、出席しているすべての生徒が参加するディスカッション形式で行われます。中には、レクチャーはまったくなくグループワーク中心で、事前のプレゼン準備、発表、その後のク

[※1] Management: Competencies and Current Perspectives, Corporate Financial Reporting, Macroeconomics for Business Executives, Statistical Analysis, Financial Management, Marketing Management, Strategic Management, Leadership Development, Leading Organizations

[※2] Marketing in China, China Finance, Leadership and Organization Behavior in China, Supply Chain and Logistics Management - Chinese Supply Chains etc

ラスでのディスカッション、期末の課題まで、すべてグループで行うという授業もあります。

　成績も、テストの点数だけではなく、多くの場合は授業への「貢献度」が重視されています。どのぐらい授業中に発言したか、グループワークの場合は、その人がグループにどのように貢献したかがチームメンバーから評価されます。

　そしてこうした授業スタイルであることが、入学条件として就業経験が求められる理由でもあります。多種多様な業界、職種、地域、年代の人が集まり、意見交換をすることで、自分の経験をシェアし、他の人の経験、意見から自分も学んでいく。これが MBA の醍醐味の1つなのです。

　私のクラスにはメーカー勤務の人や金融のバックグラウンドを持つ人が割合的には比較的多かったのですが、その他にも多種多様な人がいました。弁護士、会計士、システムエンジニアといった専門職の人や、香港ファミリービジネスオーナーの2代目、サウジララビア軍隊、パキスタン政府勤務などなど……。日本ではなかなか出会うことがない人たちとともに学び交流するのは、とても刺激的な体験でした。

　とはいえ、留学となればお金も時間もかかります。それに見合うだけの価値があるのでしょうか？

MBA をとるメリットは？

　フルタイムの MBA に私費で留学するならば、ある程度まとまったお金が必要となります（アジア MBA では2年間で約 400 万円～ 900 万円）。もちろんその期間は働いていないので、無収入となります。そこまでして MBA に行くメリットとは何なのでしょうか。

　多くの学生が MBA への入学動機として挙げるのは、
「MBA で経営についての体系的な知識を身につけたい」
「世界で自分と同じような志を持つ仲間に出会いたい」
　といったこと。この両方とも、MBA で実現することは可能です。

　しかし、社会人たるもの、やはり気になるのは、金銭的な部分でペイするかどうかでしょう。実際、キャリアアップ（＝年収アップ）、キャリアチェンジを

目標として MBA に行くケースがほとんどのように思います。

　世界の MBA ランキングでは、ひとつの評価指標として「年収アップ率」というものがあります。MBA の前後でどれだけ卒業生の年収が上がったかが、ビジネススクールの評価につながるのです。そのため各ビジネススクールでは、インターンシップや就職のサポートなど積極的にキャリア支援を行っています。また外資系企業では、MBA 卒業生のみが応募できる、将来の経営幹部コースにあたる MBA 採用枠があるところもあります。このような支援やチャンスを得られるのも、MBA を取得することの 1 つのメリットかもしれません。

　また、MBA 取得によってキャリアチェンジ、それまでのバックグラウンドとはまったく違うキャリアに挑戦する人もいます。

　普通は転職にあたってその職業の経験が問われるような職種・業種でも、MBA で学んだ知識や資格によって未経験でも採用される可能性が出てきます。主にはコンサルティング、金融へのキャリアチェンジを目指すケースが多いようです。

　業種に限らず、働くエリアや国を変えるというキャリアチェンジのケースもあります。私がいた香港の学校の、中国大陸出身のあるクラスメートは、卒業後も香港に残って金融・コンサルティングの分野で働ける職を探していました。「キャリアチェンジ、エリアチェンジ、年収アップの 3 つすべてを狙いたい。だから香港を選んだんだ」と。そのようなとても貪欲な、アグレッシブな学生が多かったです。

　しかし、私がここで一番強調したい MBA をとるメリットは、知識でも、金銭面でも、ネットワークでもありません。それは「世界が広がる」という自分自身の変化です。

　私は MBA 留学前、海外に住んだ経験はまったくない純ドメ（帰国子女、海外留学、海外勤務の経験がない人のこと）でした。英語で仕事をしたこともなく、大学受験までの英語は勉強したものの、英語を話すことには抵抗あり、という、おそらく典型的な日本人でした。

　その私が MBA にチャレンジし、そこでなんとか生き抜いた。それによって何が変わったかというと、「世界のどこでも生きていける。仕事ができる」と

思えるようになったことです。
　いつでも、どこでも、やりたいことを好きなところでやればいいんだ、と。
　MBA 卒業後、確実に私の選択肢は広がりました。仕事内容、価値観、エリア、言語、すべてひっくるめて、MBA 時代に学んだ知識、出会った人、住んだ場所によって、今まで知らなかった世界が広がったのです。これが、私にとって知識やネットワークやお金に勝る「MBA 取得のメリット」です。

いざ MBA!

　いったい皆どんなタイミングで MBA に行く決心をしているのでしょう。
　私が大学時代に抱いた MBA への思いが再び燃え上がったのは 28 歳のときでした。それまでは目の前にある仕事が楽しく、留学など考える間もなく毎日全力で走っていました。
　転機が訪れたのは 2008 年リーマンショックの頃。それまで右肩上がりだった IT 業界の業績、株価がダウンし、世の中のマーケットの風向きが変わろうとしていました。そんな中、ふと自分自身が 5 年間やってきた仕事を振り返ると、十分にやり切ったという感覚がありました。そして、こんな疑問がふつふつとわいてきました。
「このまま同じ仕事を続けていって、私は満足できるんだろうか……」

　そこで思い出したのが、MBA への憧れと起業に対する思いです。経営者をめざす若者が世界中から集まる、ワクワクする場。そこに飛び込み、ともに学び、ともに遊び、語り合う……。自分の未来がぱっと開けていくような期待感。その頃付き合っていた彼にふられたことも後押しとなり、私は MBA に行くことを決意したのです。
　決めるや否や、すぐに会社を辞め、MBA の受験勉強のためアメリカに旅立ちました。勉強するなら海外で、めざすビジネススクールの近くでやった方が、集中できて頑張れると思ったのです。
　MBA に行く決心をしてから、ニューヨークに移り住むまで 5 ヶ月。「合格する前に移住してしまうの！？」と周囲には驚かれもしましたが、我ながらなかなかの行動力でした。

当時、30 歳目前。留学のタイミングや理由は人それぞれでしょうが、年齢的にはある程度のタイムリミットがあると感じていました。クラスメートと歳が近い方が仲良くなりやすそうだし、キャリアチェンジの選択肢も若い方が広そうです。だいたい 27 〜 33 歳ぐらいが一番良い時期かもしれません。
　こうして、周りの同世代の女子たちが婚活に励む中、私は一人、ニューヨークで MBA に向けた受験勉強を始めたのです。

アジアMBAを選ぶ理由

MBAといえばアメリカ、の時代はもう古い

「"MBA=アメリカ"でしょ」

　私も留学する前までそう思っていました。日本では1990年代バブルの頃にMBA留学ブームが起こり、外資系コンサルティング会社や金融機関から多くのMBA留学生がアメリカのトップビジネススクールに派遣されていました。そのためMBAといえばアメリカで取得するものだ、というイメージがあったように思います。よくメディアでも見聞きするハーバード、MIT、スタンフォードといった超トップスクールでなくても、自分の周りにいるMBA卒業生の多くはアメリカでMBAを取得した人がほとんどでした。

　しかし近年、MBA市場に変化が起きています。まず、最短1年という短期間でMBAを取得できる学校がヨーロッパ、アジアを中心に増えています。しかも、アジアのMBAはコスト面で有利。アメリカと比較すると授業料と生活費を大幅に抑えられる学校が多くあります。つまり、時間とお金、両方の負担を軽減しながらMBAへ留学するという選択肢が増えてきているのです。

　これらの学校の国際的な評価も上がってきています。2013年発表のグローバルMBAランキング（表1）では、上位50校のうちアメリカの学校は24校のみ、16校がヨーロッパ、そしてなんと8校がアジアのMBAなのです。残念ながら日本の学校は1校も入っていないのですが、アジア各国（香港、シンガポール、中国大陸、インド）のMBAスクールは、国の経済成長に併せて、ビジネス教育においても世界に通用するレベルになっているのです。

●表 1　Financial Times グローバル MBA ランキング　トップ 50（2013 年）

Rank	School name	Country
1	Harvard Business School	US
2	Stanford Graduate School of Business	US
3	University of Pennsylvania: Wharton	US
4	London Business School	UK
5	Columbia Business School	US
6	Insead	France / Singapore
7	Iese Business School	Spain
8	**Hong Kong UST Business School**	**China**
9	MIT: Sloan	US
10	University of Chicago: Booth	US
11	IE Business School	Spain
12	University of California at Berkeley: Haas	US
13	Northwestern University: Kellogg	US
14	Yale School of Management	US
15	**Ceibs**	**China**
16	Dartmouth College: Tuck	US
16	University of Cambridge: Judge	UK
18	Duke University: Fuqua	US
19	IMD	Switzerland
19	New York University: Stern	US
21	HEC Paris	France
22	Esade Business School	Spain
23	UCLA: Anderson	US
24	University of Oxford: Saïd	UK
24	Cornell University: Johnson	US
26	**Indian Institute of Management, Ahmedabad**	**India**
27	**CUHK Business School**	**China**
28	Warwick Business School	UK
29	Manchester Business School	UK
30	University of Michigan: Ross	US
31	**University of Hong Kong**	**China**
32	**Nanyang Business School**	**Singapore**
33	Rotterdam School of Management, Erasmus University	Netherlands
34	**Indian School of Business**	**India**
35	University of Virginia: Darden	US
36	**National University of Singapore Business School**	**Singapore**
37	Rice University: Jones	US
38	Cranfield School of Management	UK
39	SDA Bocconi	Italy
40	City University: Cass	UK
40	Georgetown University: McDonough	US
42	Imperial College Business School	UK
43	Carnegie Mellon: Tepper	US
44	University of Illinois at Urbana-Champaign	US
45	University of North Carolina: Kenan-Flagler	US
46	University of Toronto: Rotman	Canada
46	University of Texas at Austin: McCombs	US
48	Australian School of Business (AGSM)	Australia
49	Emory University: Goizueta	US
50	University of Maryland: Smith	US

こうした潮流を受けて、近年は日本人の MBA 留学の傾向も変わってきています。

　まず、私費留学生が大幅に増加しています。10 年前は MBA 留学生の大多数が社費留学生でしたが（私費留学生の割合は 30% 程度）、現在は半数以上が私費留学生です（図 1）。

　また、アメリカではなくヨーロッパやアジアへ留学する学生が増加しています。特に中国大陸・香港の MBA は、この 10 年で留学生数を 2 倍以上伸ばし

●図 1　社費留学生数と私費留学生数の推移（アクシアム調査データから作成※）

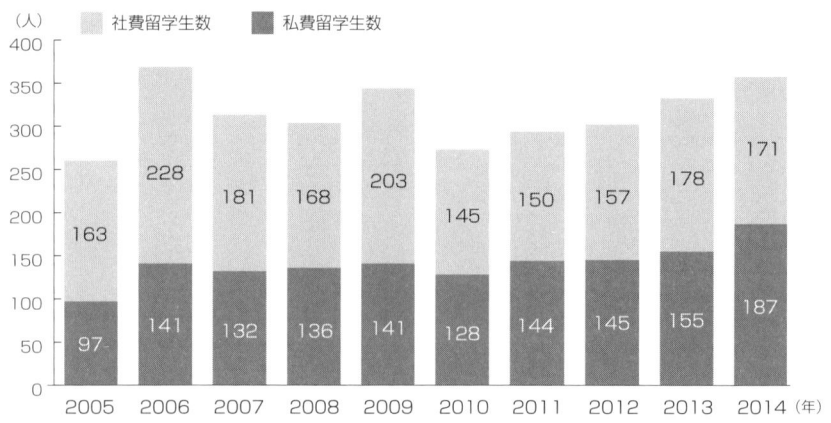

年	私費留学生数	社費留学生数
2005	97	163
2006	141	228
2007	132	181
2008	136	168
2009	141	203
2010	128	145
2011	144	150
2012	145	157
2013	155	178
2014	187	171

※海外の日本人 MBA 数全体の推移を把握ができる機関は存在しませんが、もっとも大多数の日本人 MBA 数を調査しているアクシアムのデータから抜粋し作成しました　http://www.axiom.co.jp/mba/table/index.html

●表 2　香港・中国フルタイム日本人 MBA 留学生推移（入学年度別、アジア MBA 留学生自主調査データ）

(単位:人)		2003	2004	2005	2006	2007	2008	2009	2010	2011	2012	合計
香港	香港大学				3		2	2	2	1	3	13
	香港科技大学	3	2	1		1	3	3	3	3	2	21
	香港中文大学			2	1	2	4	4	4	2	3	22
中国	清華大学		1	2	1	4	1		1	2		12
	北京大学				1		1			1	4	7
	北大国際							1	1		1	3
	長江商学院		1					1	1	1	1	5
	CEIBS	2	2		1	1	1		2	2	3	14
	中山大学			1		1	1	1			2	6
合計		5	6	6	7	9	13	11	15	12	19	103

2003-2007 合計：33　　2008-2012 合計：70

ています（表2）。世界経済が多極化し、中国をはじめアジアの新興国が次代の成長エンジンとしてますます存在感を高めている現在、これは自然な流れと言うべきかもしれません。

「グローバル人材」の必要性がますます叫ばれる昨今、既にグローバルキャリアの選択肢の一つとして、自らの意志で、自分への投資として、アジアMBAを選ぶケースが増えてきているのです。

アジアでMBAを取る意味　（アメリカMBAとの比較）

MBAの価値のとらえ方は人それぞれですが、いくつかの面でアメリカMBAとアジアMBAを比較してみましょう。

安い！　留学コストが段違い

最もわかりやすい違いとして、MBA留学のコストが欧米とアジアでは格段に違います。授業料が安いということもありますが、物価が比較的安いエリアでは生活費も抑えられるため、トータルの支出金額としては大きな差が出てきます。

表3をご覧ください。アメリカMBAでは2年間のトータルコストが1,800万円ほどかかるのに対して、アジアMBAならその半分以下、400万円〜900万円程度に抑えることができます。

●表3　ハーバード大学、ロンドンビジネススクール、北京大学、香港中文大学、シンガポール国立大学コスト比較（各校公表データより作成）

学校名	費用合計 (万円)	授業料 (万円)	生活費 (万円)	備考	為替 (2013年12月)
ハーバード大学	1,855	1,142	712	2年間分	102円／$
ロンドンビジネススクール	1,648	1,056	592	15〜21ヶ月分	172円／£
北京大学	399	306	93	2年間分	16.3円／元
香港中文大学	872	641	230	16ヶ月分（12ヶ月での修了も可）	13.1円／HK$
シンガポール国立大学	735	472	263	17ヶ月分	81.4円／S$

各学校には様々な奨学金制度もあるので、一概にこのコストがすべてというわけではないのですが、仕事を辞めて身銭を切って行く私費留学生にとっては特に、アジア MBA のコストの安さはとても魅力的ではないでしょうか。

少人数クラスでしかも国際的！

アメリカ MBA とアジア MBA では「人」の面でも大きな違いがあります。

まず一番大きな違いは、クラスのサイズです。アメリカ MBA が概ね一学年 1,000 人規模であるのに対して、多くのアジア MBA は 100 人程度。圧倒的に少ないのです。少人数のクラスで学びたいという方には、うれしい環境と言えるでしょう。

私の行った香港中文大学もフルタイム MBA 生は全部で 90 人でした。このぐらいの人数だと 2 ヶ月目には全員の名前と顔が一致します。自然、関係も強くなりやすいのも良い点かなと思います。

学生のローカル・インターナショナル比率にも違いがあります。多くのアメリカ MBA では、アメリカ出身の学生が大多数を占めます。それに比べてアジア MBA はインターナショナル比率が高いのが特徴です。つまり、アジア MBA の方が「国際的」なのです！

たとえば香港中文大学では、香港出身のローカル比率は 7%、中国語スピーカーという広義のローカル（中国大陸・香港・台湾）の合計でも 50%。アメリカ MBA の代表ともいえるハーバード大学(70%)と比較するとローカル比率が低く、インターナショナル比率が高くなっています（表4）。

そしてもう一つ、これは私の実感値ですが、アジア MBA に来る欧米人はアジアのことが大好きです。

●表4 ハーバード大学・香港中文大学　2015 年度クラスプロフィール比較
（各校公表データよりオリジナル作成）

MBA Class of 2015 Profile	ハーバード大学		香港中文大学	
Full-time MBA 学生数	932 人		82 人	
インターナショナル学生数・比率（米国以外／香港以外）	321 人	34%	76 人	93%
ローカル学生数・比率（米国／香港）	611 人	66%	6 人	7%
広義のローカル学生数・比率（北米／中国大陸・香港・台湾）	651 人	70%	41 人	50%

「そりゃそうだ！」と思われるかもしれませんが、自国に多くのMBAスクールがある中で、わざわざ遠いアジアの地でMBAを取ろうというのだから、当然アジアが好きな人たちです（もしくはもともとアジアと関係があるなど固有の事情がある）。彼らは卒業後も母国とアジアの間で仕事をするケースが多いため、アジアに根ざしたインターナショナルな人脈を築くことができます。

私の欧米系のクラスメートも、卒業して2年以上が経ちますが半数以上は今も香港、中国大陸、シンガポールを拠点に仕事をしています。将来アジアで仕事をするなら、現地の国の人々だけでなくその国に関わる世界各国のビジネスパーソンとのネットワークを持っていることは、大きな強みになるのではないでしょうか。

早い！　最短12ヶ月でMBA取得可能

アジアMBAは期間が短いです。

学校により制度は様々ですが、香港中文大学を例にあげると、基本は16ヶ月でコースが組まれています。しかも、必要な単位を取れば、最短12ヶ月でMBAの学位を取得できるのです（なお最長で24ヶ月以内に必要単位を取らなければいけません）。

基本の16ヶ月にはインターンシップや交換留学に行くことが想定されているため、社費留学で期間が1年と定められている場合はインターンシップや交換留学などはせずに12ヶ月で必要単位をすべて取得すればいいですし、学生期間をフルに活用したければ、24ヶ月かけて単位を取りつつ、長期インターンシップ、ボランティア、交換留学、語学学習、旅行に時間をあててもいいでしょう。

このように、2年制というアメリカMBAと違って自由度が高いため、自分にあったMBAスケジュールを組むことができます。

唯一残念なのは、同級生の中でも卒業のタイミングが異なるため、クラスメート全員そろってあのアカデミックガウンを着て帽子を投げる卒業式を迎えられないことぐらいです。

近い！　何かと便利＆ネットワークを保ちやすい

言わずもがなですが、アジアは日本から近いです。

香港であれば片道4時間。シンガポールでも6時間程度で行けます。12時間以上のフライト時間がかかる欧米に比べれば断然、行き来するのが気楽です。時差も少なく、中国と日本の時差は1時間。ほぼ同じ時間帯で生活が動いているため、日本とのコミュニケーションもとりやすいです。これは在学中だけでなく、卒業後も大きなメリットとなります。お互いの国を行き来することが容易なので、ちょっとした時間とお金さえあれば卒業後もクラスメートに会う機会がとても作りやすいのです。

希少性と「アジアに強い」という価値

　日本人のトータルMBAホルダー数は正確には把握できないのですが、主要校の学生へのアンケート調査でまとめられている1999年からデータによると、過去16年間（1999年〜2014年）のMBA卒業生は合計で約4,800人。このうちアジアMBA卒業生は71人と、わずか1.5%です（表5）。
　つまり、日本人のアジアMBA卒業生は、数としてはまだまだ少ないのです。

●表5　日本からのMBA留学生（主要55校）の推移（単位：人）
（アクシアム 学生アンケート調査によるMBA留学生数推移データより※）

(年)	1999	2000	2001	2002	2003	2004	2005	2006	2007
全体	242	282	302	284	286	257	260	369	313
アメリカ	217	251	296	284	284	242	235	282	248
カナダ	0	0	0	0	0	0	0	9	3
ヨーロッパ	25	31	6	0	2	15	25	78	62
アジア	0	0	0	0	0	0	0	0	0

	2008	2009	2010	2011	2012	2013	2014	合計	構成比
全体	304	344	273	294	302	333	358	4803	100%
アメリカ	254	264	176	210	176	196	220	3835	79.8%
カナダ	5	10	3	5	2	0	3	40	0.8%
ヨーロッパ	45	69	91	70	112	119	107	857	17.8%
アジア	0	1	3	9	12	18	28	71	1.5%

※海外の日本人MBA数全体の推移を把握ができる機関は存在しませんが、もっとも大多数の日本人MBA数を調査しているアクシアムのデータから抜粋し作成しました　http://www.axiom.co.jp/mba/table/index.html

人と違うということは、オリジナリティになります。いつまでこの状態が続くかはわかりませんが、希少価値もあります。私は今でも初対面の人にはたいてい「えっ？ 中国で MBA ？」と驚かれます。

　一方で、日本企業のビジネスの相手や市場として中国をはじめアジアの重要性が極めて高いことは言うまでもありません。「アジアに強い」ということは、今後ますます価値を増していくのではないでしょうか。

　このようにアメリカとアジア MBA では、コスト、クラスプロフィール、期間、エリア、日本人 MBA ホルダー数など、あらゆる面で違いが有ります。またアジア MBA と一言に言っても、各校ハード面、ソフト面、様々な特徴をもっているので、Part III に掲載している学校情報をあわせて参考にしてみてください。

なぜ私はアジア MBA を選んだのか　ニューヨークから香港・北京へ

　かつては「"MBA＝アメリカ"でしょ」と思っていた私ですが、留学後の実感として、アジア MBA を選んで良かったと心から思っています。
　しかし、MBA に行くぞと決心し、わざわざニューヨークで受験勉強をしていた私が、なぜアメリカではなくアジアの MBA に進学することを決めたのか。方向転換の理由をお話ししましょう。

金脈を求めて……

　こう書くと金の亡者のように聞こえるかもしれませんが、事実です。
　MBA の受験を前にして、私はこれからビジネスパーソンとしてどうキャリアを積んでいこうか、と思い悩んでいました。最初に「MBA に行きたい♪」と思った時点では、「世界中の起業志向を持つビジネスマインドの高い仲間に出会いたい」となんとなく考え、なんとなく MBA ＝アメリカと思っていたわけですが、いざ学校を選ぶ段階にくると迷いが生じました。「本当にアメリカでいいんだっけ？」と。
　戦後から長い間、日本にとっての一番のビジネスパートナーは、アメリカだったはずです。しかし、これからもそうなのでしょうか？
　ニューヨークに住んでいたとき、驚いたことがあります。韓国人・中国人の

留学生の多さです。私はマンハッタンのウエストビレッジに住んでいたのですが、通り過ぎるアジア人はたいてい韓国人か中国人でした。

「あれ、日本って一応まだGDP世界第2位ではなかったっけ？」「韓国の人口は、日本の約半分じゃなかったっけ？」と疑問に思うものの、周りにいるアジア留学生数は明らかに、韓国＞中国＞日本　の順でした（図2）。

学生以外にも気になるものを多々目にしました。タイムズスクエアには韓国企業・中国企業の広告がいくつも、でかでかと掲げられていました。

「これはいつからだろう？　5年前、10年前には見られなかった光景では？」

アジアの勢いを感じました。国外に住んで初めて、日本の周りのアジア諸国が猛烈な勢いで経済成長し、競争力をつけていることを自分の肌で実感したのです。

「アジアが熱い！　アジアからお金のにおいがする！」

自分の成長にとって、周りの環境はとても大切です。なぜなら、周りの勢いに乗って、自分も倍速で成長することができるから。そう私は思っています。

●図2　アメリカへの国別留学生数推移（アジア各国）
(Institute of International Education, 2013)

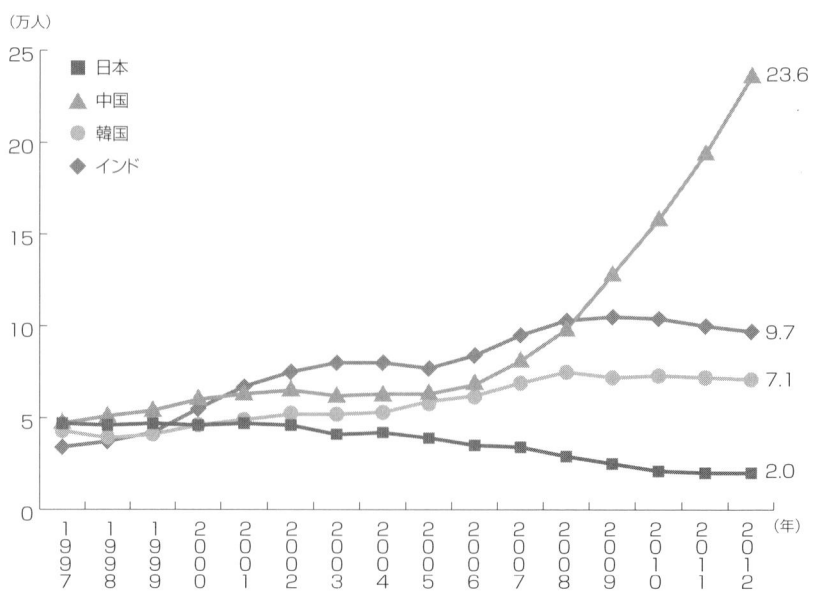

MBAはいろいろあるけど、自分を大きく成長させたいなら、伸びている場所で学んだ方がいい。
「それって、アジアじゃない？」

「英語＋α」の第二外国語

　もうひとつの理由は、言語です。
　日本人のほとんどは中学校で英語を勉強し始め、大学を卒業するまで、真剣度合いは別として10年近く英語を学習します（2011年から小学校での英語の授業が始まっていますが）。そのため受験勉強のための英語はクリアしているため、ある程度の単語力はあるものの、会話は苦手、というのが一般的な日本人の英語に対する感覚だと思います。
　私もそうでした。人生でまだ真剣に「使える英語」を勉強したことがないと思っていました。でも留学して、死ぬほど英語を勉強し、ネイティブの人たちの間でもまれれば、きっと自分もペラペラと英語を話せるように、ネイティブレベルになれるだろう。そう信じていました。
　しかし、実際は違いました……。
　MBA受験のためTOEFLとGMATの勉強をしていた当時、5,000語以上の単語帳を作り、歩きながら、ご飯を食べながら、1語でもものにできるよう寸暇を惜しんで必死に勉強しました。寝ている間もリスニングの教材を聞いていました。今振り返っても、人生で一番勉強したのはこのときです。
　どこかでこんなことを聞いた事があります。「英語漬けの日々を送っていれば、ある日、夢を英語で見るようになり、神が降りてきたかのように突然ペラペラに話せる日が来る」と。しかし、私には来ませんでした。3ヶ月経っても、半年経っても、ネイティブになれる気配はありませんでした。

　そんな中で、気づいた事があります。「英語にはいろんな英語がある」ということ。世界中の様々な国の人たちが、母国語なまりの英語を話しています。人種のるつぼであるニューヨークに住んで、私はいろいろな英語に接しました。そこで、私なりに納得した結論があります。
「ネイティブになる必要はない。英語でコミュニケーションがとれれば、それでいいのだ」

こう考えるととても気が楽になりましたが、一方で「本当にそれでいいんだっけ？」という思いもわいてきました。周りを見渡せば、英語を話す人はたくさんいます。特に、一緒に勉強をしていた中国人、韓国人、台湾人の英語力の高さには驚きました。英語力だけでは彼らに勝てそうにない。それで、こう思うようになりました。

　「英語だけでは、これから20年、30年、社会で生き抜くための"武器"としては、そもそも足りないんじゃないか。何かもう１つの言語を話せないと……」

　母語の日本語に加えて、一定レベルの英語と、もう１言語を使えるようになりたい。学ぶとしたら中国語とスペイン語がいいと思いました。単純に、話す人の人口が多いからです。成長するアジアで学びたいという思いと併せて考えたとき、私の照準は中国語に定まりました。

やっぱり米＆麺が好き

　最後にもうひとつ、大切な理由があります。アメリカに住んでわかったことの１つが、「私、パンが好きじゃない」ということ（笑）。

　えっ、それ、ここで書くようなこと？　と思われるかもしれませんが、異国に住むにあたって、その国との相性はとても重要です。

　私はそれまでに旅行では20ヶ国以上を訪れていましたが、人生で初めて海外に住居を構え、生活するということを、MBA受験準備期間にニューヨークで経験しました。

　もとから旅は大好き。どこの国に行っても、それなりに快適なトイレと寝床があり、そしてひもじい思いをしなければ、どこででも生きていけると思っています。体力には自信があり、ストレスにも強いタイプの人間です。しかし、いざ住むとなると、自分とその国の相性はとても大切でした。相性とは、空気、天気、温度、匂い、味、人など、様々な要素をトータルで好きかどうかということです。

　要するに、私はパン、フレンチフライ＆ケチャップより、米、麺＆ダシが好きでした。人生で日本以外の国に住む経験はそう多くありません。まして、自分の意思で行く場所を決める事ができるならば、自分が住みたい、フィーリングが合うところを選んだ方がよいと思います。

　そういう意味で、私は体質的にもアジア向きだったのでしょう。

＊

　このような理由で、私はニューヨークで受験勉強していたのにもかかわらず、結局アメリカの学校は1校も受けずに、香港MBAへの進学を決めました。周囲からは「わざわざアメリカに行って勉強したのに、香港に留学するの！？」と再び驚かれましたが、もう迷いはありません。自分が一番大きく成長できそうな場所に向かって前進あるのみです。

アジア MBA への入り方

一般的な出願・選考プロセス

　アジア MBA にはどうすれば入れるのでしょう。ここで出願と選考のプロセスを簡単にご説明します。

　右ページの図が一般的な出願・選考のスケジュールです。書類選考とインタビューの大きく 2 つのステップがあり、大抵の大学では応募期間（ラウンド）が複数設定されています。書類選考に通るとインタビューに呼ばれ、だいたい 2 週間後には合否結果が発表されます。各ラウンドで合格者が発表されるため、早く出願するほどまだ多くの枠が残っており有利とされています。なるべく早い時期に出願するのがいいだろう、と私も受験校を決めてからすぐに出願準備に取りかかりました。

　書類選考のため出願期間中に提出しなければならないものは、大きくは次の 4 つです。

- 英語能力を示すスコア（英語圏の大学を卒業している場合は提出の必要なし）
- GMAT スコア
- 大学時代の成績（GPA）
- レジュメ（エッセイ、推薦状）

　以下それぞれについて簡単に説明し、これから受験される人のために、対策についても少しお話ししましょう。

●図3　一般的な出願・選考のスケジュール

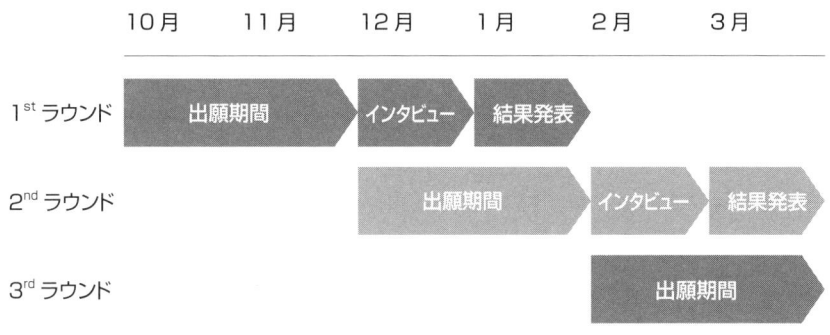

英語能力を示すスコア

　英語能力を示すスコアとして最も一般的なものは TOEFL ですが、IELTS や TOEIC、GMAT の Verbal スコアでも可という学校もあります。

　どこの学校でも通用するのが TOEFL で、このスコアを持っていればアジアだけでなく欧米も含めてどの学校でも受け付けてくれます。具体的に志望校が決まらないうちは TOEFL のスコアを伸ばすことを考えるべきでしょう。

　もっとも、TOEFL は留学経験や英語での仕事経験がない人にとっては非常に難易度の高い試験です。勉強すればある程度（iBT で 70〜80 ぐらい）までスコアは上がると思いますが、それ以上を目指そうと思うと 1 点を上げることがとても難しくなり、何度も繰り返し受験するものの点数がいっこうに上がらないという状況に直面する人も多いようです。

　もし最初から行きたい学校が決まっていて、その学校が受け付けてくれるスコアが TOEFL 以外にもあるのなら、TOEFL のスコアアップに時間とお金をかけるより、自分と相性の良いテストに集中するのが妥当な戦略かもしれません。アジアの MBA は欧米に比べて、英語能力のスコアに関してフレキシビリティが高いので、各学校の応募要項をよく確認して、どのテストで勝負するのか決めるとよいでしょう。

GMAT スコア

　MBA を受験するすべての学生に課せられる試験が GMAT です。受験生のアカデミックな能力を総合的に判定される試験で、数学能力テスト（Quantitative/

Math)、言語能力テスト（Verbal）、エッセイ・ライティング（AWA: Analytical Writing Assessment）、統合分析能力テスト（Integrated Reasoning）の 4 つのパートに分かれており、コンピューターで行われます。GMAT は TOEFL と違い受験回数制限（12 ヶ月以内に 5 回受験可、前回受けた試験から 31 日経過して次回受験可）があるので、出願時期、準備期間とあわせて計画的な受験スケジュールを立てる必要があります。

　GMAT に関しては既に多くの書籍、対策本、インターネット情報がありますので、ここでは多くを語りません。アジア MBA に固有の傾向というものはなく、各学校により求められるスコア、合格者の平均スコアが異なるという点ぐらいしか違いはありません。

　アメリカのトップスクールでは 700 点以上が必要と言われるケースもありますが、アジア MBA はそんなことはありません。たとえば香港中文大学の合格者平均スコアは 650（※ Class of 2015 Student's Profile より）です。自分の志望する学校の平均スコアを確認し、目標スコア、ゴールを設定してから計画的に受験することをお勧めします。

大学時代の成績（GPA）

　大学時代の成績については、今さらどうすることもできません。受験を決めたら、早めに母校に問い合わせて成績証明書（英語版で）を取り寄せ、自分の GPA を確認しましょう。

レジュメ（エッセイ、推薦状）

　TOEFL、GMAT のスコア以上に重要なのがレジュメ、自分の個性のアピールの場です。基準スコアを上回っている学生が多くいる中で、どう学校側に選んでもらうか、注目されるかは、このレジュメを通してどれだけ自分自身を伝えられるかにかかっています。

　各学校により質問項目と求められる内容は異なりますが、大きくは以下 4 つの質問項目をベースに考えると良いかと思います。

- Why MBA?
- Why ○○校？

- Why Now ?
- How can I contribute to a class or ◯◯校 ?

　主に自分の過去の経験がどのように MBA のクラスに貢献できるか、そして MBA で得られる知識・経験を自分自身の将来のキャリアにどう活かそうとしているかが問われます。
　MBA の選考のユニークな点は、その人の「今」だけでなく、卒業後どんな活躍をし、母校に貢献してくれるかという、「将来」のポテンシャルにも注目されることです。
　MBA は卒業して終わりではありません。現役生どうしだけでなく、卒業生ネットワーク、他大学との横のネットワークと、幅広く交流が続いていきます。全世界から幅広く優秀な学生を集めたい学校にとっては、卒業生たちは各国でその学校の広告塔となる重要な存在です。だからこそ学校側はレジュメで受験者のポテンシャルをチェックするのです。
　一方で、受験生にとってレジュメを書く際に重要なことは、どの学校に進学するかという以前に、「自分自身が今、MBA に行く」ことによるメリット、そしてデメリットもしっかり分析し、納得する答えを持っておくことです。そうすれば書く内容にもしっかり軸が通り、あまり悩まずに書くことができるはずです。

　推薦状は学校により 1 ～ 2 通と必要数が異なります。推薦者の名前やポジション（企業名、役職名）にこだわるより、自分のことをよく理解してくれている方に、その方の言葉で書いてもらうのが一番良いでしょう。なぜ今自分が MBA に行きたいのか、行こうとしているのか、それを踏まえてどういったポイントに重点をあてて書いてもらいたいかを伝えて依頼すると、その方も書きやすく、2 名にお願いする場合は内容の重複も避けられます。
　私の場合は前職の社長と、直属の上司にお願いしました。社長には、私の志向性、組織における私の成果を中心に、直属の上司には具体的な私の仕事ぶり、性格を具体的に語っていただきました。

インタビュー

　書類選考を通ると、インタビューに呼ばれます。日本から受験している場合は、現地まで行って直接受けるか、または Skype で受けるか選択可能です。まれに MBA オフィスの来日タイミングが合えば日本で直接会って受けることもできます。

　私の場合、香港中文大学のインタビュー時間は 1 時間ぐらい。質問項目はレジュメにも書いた、「なぜ MBA?」「なぜ香港中文大学なのか ?」、他にはそれまでやってきた仕事のこと、MBA 後に何をやりたいかなど、比較的オーソドックスなものでした。

　具体的にお勧めしたい対策としては、まずは直近の合格した学生からどんなインタビューだったか詳しくヒアリングすることです。面接官は何人いて、誰だったか、時間はどのぐらいか、何を聞かれたか、突拍子もない質問は出なかったかなど。そして質問項目に合わせて、事前にある程度の答えは準備しておきましょう。

　また、英語での面接経験がない人は、模擬面接をやるなど、聞かれたことにスムーズに答えられる練習もしたほうが良いです。私も MBA のインタビューが人生初めての英語での面接経験でした。そのため直前まで何度もボイスレコーダーを使って、自分自身の話し方、発音のチェックをしました。そうすることである程度、本番での緊張を和らげることができたと思います。

　インタビューには対策本などないのですが、チャンスは 1 回しかありませんので、現役生・受験生・インターネット・予備校などあらゆる情報網を駆使して徹底的に情報収集し、悔いの残らないよう準備して臨んでください。

私の受験対策

　受験の道のりは人それぞれです。TOEFL や GMAT のスコアにまったく苦労しない人もいますし、TOEFL を 20 回以上受けたという人もいます。

　一例として私の受験スケジュールをご紹介します（図 4）。

　受験勉強を始めてから、合格するまでの期間はトータル約 10 ヶ月かかりました。私の場合、仕事を辞めてから受験勉強を始めています。そのため、この期間は 24 時間受験勉強にあてていました。

●図4　私の受験スケジュール

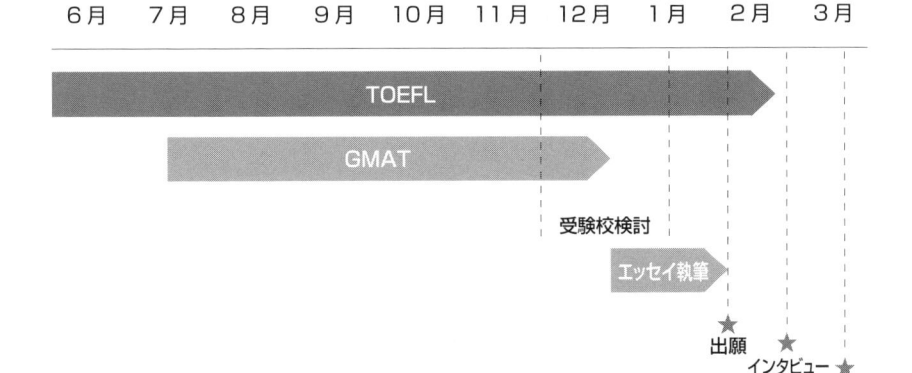

| | 6月 | 7月 | 8月 | 9月 | 10月 | 11月 | 12月 | 1月 | 2月 | 3月 |

TOEFL ────────────────────────→
　　　　GMAT ──────────────→
　　　　　　　　　　　　　受験校検討
　　　　　　　　　　　　　エッセイ執筆
　　　　　　　　　　　　　　　　★出願
　　　　　　　　　　　　　　　　　★インタビュー
　　　　　　　　　　　　　　　　　　★合格

　私が最も苦労したのはTOEFLでした。最後の最後まで点数が上がらず、出願後も点数アップデートのためにまだ受け続けていたほどです。受験生活は孤独で苦しいものでした。一定レベルを超えるとどれだけ勉強してもスコアはなかなか上がらなくなりますし、英語も思うように話せるようにはなりません。

　この受験生活を振り返り、私なりのアドバイスとして以下4つの点をお伝えしたいと思います。

①**まずは敵を知る**
　勉強を始める前に、まずは本番のTOEFL、GMATを受験しましょう（GMATは受験回数制限があるので、模擬試験でも良いです）。敵を知る前にやみくもに勉強しても、どう攻略して良いかわかりません。目指すべきゴール（スコア）に対して現状の自分がどこにいるのか、ポジションを正確に把握することが何より大切です。

②**ゲームの最短の攻略法を常に探す**
　TOEFLやGMATは「結果がすべて」です。学校側はプロセスを評価しません。どの科目をあと何点伸ばしてゴールに辿り着くか、各自の戦略が問われます。たとえば、TOEFLのSpeakingの2点を上げるのは難しくても、Writingのスコアはちょっと書き方を変えるだけで2点上げられる、ということもあります。

そのためには予備校が提供している対策授業も（テクニックを習得するという意味では）有効な場合があります。ゲームだと思って、いかに効率的に上がれるかを考え続けることが必要です。

③百聞は一見に如かず

　志望校はなるべく早く具体的に決めましょう。そして、決めたらすぐにキャンパスビジットを行いましょう。私自身、今振り返ると「もう少し早く志望校・受験校を決めればよかった」と感じます。志望校を決めると、その学校に絞った受験対策に切り替えることができます。

　さらに、志望校を決めたら、もしくは志望校を決めるにあたって、学校訪問することを強くお勧めします。実際にキャンパスを見て雰囲気を感じることで、このキャンパスで勉強したいというモチベーションも高まりますし、その際にMBAオフィスを訪問し挨拶しておくと、その後の連絡もとりやすくなります。学校によっては、希望すれば授業を見学させてくれたり、現役生を紹介してくれたりします。

④絶対にあきらめない

　MBAの選考プロセスは、日本の一般的な大学受験とは大きく異なります。スコアだけで合否は決まりません。たとえ学校側から要求されているスコアに少々足りなかったとしても、交渉の余地はゼロではありません。どうやったら合格できるのか、MBAオフィスのスタッフに相談してみるのも一つの手段です。「えっ、そんなことして大丈夫なの？」と思われるかもしれませんが、学校側も世界中の数多くある学校の中から「この学校に行きたい」という強い意志を持った生徒がほしいと思っています。自分の意志を伝えることで道が開けるケースはありますし、MBAに関しては、出る杭は打たれません。悩んだり、行き詰まったりしたときには、学校、卒業生、予備校の先生など、周りの人にどんどん相談してほしいと思います。

　そして、2010年4月念願の合格通知のメールが香港中文大学から届きました。
「Admission Offer to CUMBA Programmes」
　というタイトルを見て、本当にうれしくニューヨークの寮の部屋の中で声を

あげて喜んだのを覚えています。
　一人ニューヨークに移り住んで 10 ヶ月目、長かった受験勉強が終わりました。受験勉強は毎日不安と、そして自分との戦いでした。最後まで受かる自信はなかったです。

　香港に移るのは 8 月、それまでの 3 ヶ月の時間はアジアを周遊することにしました。MBA が始まる前に、できる限り多くのアジアの都市を自分の目で見たかったからです。
　こうして桜が咲き、春満開のニューヨークを後にして、私はインド、中国の旅に出ました。

香港で MBA

いざ香港へ！　入学前後のカルチャーショック

　MBA の新学期は 9 月から始まります。学校によりますが、オプションで現地語（私の場合は中国語）を学べる講座や、MBA で学ぶ分野になじみのない学生のための基礎科目の補講などを受けることができるため、1 ヶ月程度早く現地入りするケースも多いです。

　私も入学より 1 ヶ月早い 8 月に香港入りしました。香港中文大学は、九龍半島の北、中国との国境、深センにも近い場所に位置しています。メインキャンパスはその名も「大学」という駅にあり、山ひとつ全部が大学という広大な敷地を有しています。

　空港からタクシーに乗り込み 40 分、到着した先は、目の前は海、そして山の斜面に立つ、かなり年季の入った白とピンクの 8 階建ての建物。それがこれから 1 年住む大学の寮でした。汗をふきふき入り口へ。湿度が高い香港の夏は、本当に暑いです。

「ハロー」。管理人のおじさんから鍵を受け取り、これから住む 7 階の部屋へ。大きなスーツケースを 2 つ両側にひきずり、えっちらおっちら既に汗まみれ。廊下は薄暗く、人の気配もありません。自分の部屋番号を見つけ、恐る恐る扉を開けると、何日間も密閉されていたと思われる、もわぁーっとした暑く淀んだ空気があふれてきました。室内は広さ四畳ほどの空間で、埃まみれのベッドと勉強机が置かれ、そして半分しなだれかかったオレンジ色だか茶色だかわからないカーテンが下がっていました。

「狭っ！　暑い！　汚い！」

香港中文大学MBA生が入る寮
"PGH(=The Postgraduate Halls)"

寮の個人部屋（トイレ、シャワー、台所は共用、エアコンはカード式の有料）

　暑さに堪え兼ねてエアコンを付けようと思ったものの、専用の有料カードを購入しないとつかないことが判明。台所、トイレ、シャワー、洗濯機、乾燥機は共同。水回りは部屋の端っこに洗面台が1つついているのみ。

　まぁ、家賃月3万円※だし……と思うものの、「いよいよ待ちに待ったMBA生活が始まる♪」という浮き足立った気持ちが、一気に下がりました。「あぁ、もうすぐ夕方だし。暑いし、布団もないし、私今日どうやって寝ればいいんだろう」と若干半泣きモードに。

　しばし途方に暮れるも、困ったときは人に聞け。隣の部屋を片っ端からノックをして、助けを求めました。隣の隣の部屋の優しい中国人の女の子からエアコンカードの買い方を教わり、さらに何かと役立つ最寄りのホームセンター情報をゲット。女の子は「これからよろしくね」とお茶までくれました。

　「や、やさしい！……いい寮だ、ここ」

　落ち込んでいた気持ちが一気に晴れ上がり、買い出しに街へと繰り出すことに。こうして、私の香港生活が始まりました。

※光熱費込みの月間の家賃。香港の家賃相場は東京より高いです。

入学前の試練…極限の5日間

　香港中文大学には入学前の8月初旬に4泊5日のOutward Boundという課外活動プログラムがあります。まだ本格的な授業は始まっていませんが、これも必修科目のため、全員必ず参加しなければなりません。

　Outward Boundとは、課外活動を通して学ぶ機会を提供する非営利の教育機関とその研修プログラムのこと。世界33ヶ国で展開されており、子供向けから大人向けまで幅広いプログラムがあります。その目的は、"Teams and Leaders"。学生は10名前後のグループに分けられ、各グループで課題をこなします。

　課題はグループによって異なりますが、私のグループに課せられたのは、経由地の示された地図をたよりに5日間、山道を歩いてゴールを目指すというものでした。メンバーは、香港、中国、日本、インド、カナダ、スイス、メキシコから集まった10人。

「まあ、キャンプみたいなものだよね。5日間は長いけど……」と始まる前は思っていました。

　しかし、これは想像していた以上に過酷な旅でした。

　まず8月のこの時期、山の中とはいえ香港の湿度はとても高く、非常に蒸し暑いです。その中で、5日間シャワーなし、3泊テント、1泊は公園で野宿、適切なトイレなし（木陰などで用を足す）。大量の蚊による虫刺され。5日間分の食料と調理器具、テントを詰め込んだ25キロ以上のバックパック。さらに、お金なし、携帯電話なし、インターネットなし（研修が始まるとき私物は没収されます）。限られた食糧、限られた睡眠時間、そして過酷すぎる生活環境。30歳を過ぎて、そしてまさかMBAに来て、こんな辛い経験をするとは夢にも思いませんでした。

　5日間の内容はひたすら登山。香港は海に囲まれているだけでなく、山もあるし、小さい国土ながら意外に自然が多いのです。土地勘もなく、携帯もないので当然Google Mapも使えません。実際、自分がどこを歩いているのかまったく見当がつかなかったのですが、ひたすら山道を歩き続けました。

過酷な行程を進む中で、メンバーそれぞれの素の姿が見えてきます。出身国ごとの傾向の違いも見られ、とてもおもしろく感じました。たとえば、

メキシコ……おしゃべりと歌が得意。ただし気持ちのアップダウンが激しい。
中国……全員が全員、自分の意見を主張する。
スイス……冷静。
インド……うまく手を抜く。気づくと一人だけ水を運んでいない、など。
カナダ……まじめ。
日本……空気を読もうとするあまり、意見が言えない。

　あくまで私のチームのメンバーの例であり公平な評価ではないかもしれませんが、ともかくこうした多様なメンバーでひとつのゴールをめざすという点にこのプログラムのねらいを感じます。

　最終日の前日には、翌日海を渡ってゴールを目指すための筏（いかだ）を一晩で作らなければなりません。もちろんマニュアルはなく、与えられたのは竹と縄のみです。チームの中に小さい頃ガールスカウトで筏を作った経験がある人が一人だけいましたが、ほぼ皆が手探り状態。結んでは壊れ、組み立てては竹がずれて、と一晩中かかって、なんとか筏を組み上げました。
　翌日、「やっと終わりが見えてきたね」と言い合いながら筏を漕ぎ出した私たちでしたが、なんと筏はゴールに着く前にあえなく座礁し、バラバラに壊れてしまいました。やむなく最後は全員で海を泳いでゴールを目指すことに。私、泳げないんですけどね。

　やっとの思いでゴールにたどり着いたものの、この研修は精神的にも肉体的にも相当堪えました。
　最初は、人生で初めて、周りに日本語を話す人が一人もいない、日本語の活字すら見ない状況で、大自然の中で四六時中、英語漬けでいることが、相当なプレッシャーでした。しかも数日間シャワーが浴びられないので、身体的な不快感もつのっていきます。快適なトイレもないので、徐々にトイレにいくのが億劫になり、必要以上の水分を取らなくなりました。

最終日のゴールを目指す壊れる前の筏

　こうして心身ともに追い詰められ、やがて話すことも面倒に。ただですらサバイバル力、体力、エンターテイメント力でチームに貢献できていないと感じる中、もっと頑張らなければと思えば思うほど、追い詰められ、どんどん無口になってしまいました……。
「これが夢にまで見た MBA 生活なのだろうか？　なんで私こんなに辛い思いをしているのだろう？」
　一人だったらきっと 1 日ももたずに逃げ出していたでしょう。なんとか乗り切ることができたのは仲間がいたからです。
　この Outward Bound のチームメートは、きわめて辛い経験と時間を共にしたことで、90 名のクラスメートの中でも特別な存在となりました。そして今思い返せば、MBA 生活でこれだけ追い込まれたのはこれが最初で最後だったと思います。
　香港中文大学 MBA では、とても多くのグループワークが行われます。毎日のようにクラスメートとミーティングスペースや寮でワイワイやりながら、課題をこなすのです。そのためチームワーク、一人ひとりがチームに貢献することが非常に重要。だからこそ、入学前にこの試練があるのです。
　Outward Bound は、チームの作り方、プロジェクトの進め方、一人ではできないことでもチームならできるということを、最も過酷な状況の中で教えてくれました。※

※現在この Outward Bound プログラムは 2 泊 3 日で行われているそうです。

毎日が修学旅行

こうして Outward Bound が終わると、学校生活のオリエンテーション、授業ガイダンス、ウェルカムディナーがあり、9月からいよいよ授業が始まります。

香港中文大学のフルタイム MBA のクラスサイズは 90 名とかなり小規模。そのためちょっと時間が経てば、ほぼ全員の名前を覚えることができました。90 名のうち半数が中国系（香港人含）、残り半数はインド、欧米、台湾、韓国、日本、そして中東、南米という構成。そのうち香港以外から来る学生の 8 割近くは、先ほどご紹介した寮に住んでいました。

教室と寮との距離は徒歩 10 分。1 学期でまだ必修科目が多い頃は、朝みんなで同じ時間に寮を出て、ぞろぞろと教室まで歩いていました。お昼は学食で。その後、グループワークをしたり、夜の授業をとったりと夕飯はバラバラになるのですが、たいてい誰かと学食に行ったり、インド人がカレーを作ればそこに集まってみんなで食べたりと、ご飯はいつもクラスメートの誰かと一緒に食べていました。香港人がローカルフードを食べるディナーを企画してくれたこともあります。

休みの日も、映画に行き、ハイキングに出かけ、海辺で BBQ をしたり、飲みに行ってはクラブで朝まで踊ったりと、四六時中よく遊びました。

このようにクラスメートとは授業以外で共に過ごす時間のほうが圧倒的に長く、一人きりになることはまったくありませんでした。一度社会人を経験して学生に戻ってきているだけあり、皆遊び方をよく知っています。

学食のエビワンタン麺、約 200 円

もちろんそれだけではなく、この学生として過ごす時間がどれだけ貴重なものかも、よくわかっていたのだと思います。だからこそ実現した、90人のクラスメートと家族のように過ごした濃密な1年間は、まさに毎日が修学旅行。"Enjoy Hong Kong!" と言いながら、30歳にして私は第二の青春を香港で謳歌したのでした。

授業のエピソード――中国企業へのプレゼン

　ここで印象に残る授業エピソードを1つご紹介します。
　"Business Practice" という授業は、企業より依頼されたプロジェクトを学生がチームを組んで取り組み、提案を行うプロジェクト形式の科目です。期間は3ヶ月間。講義はなく、担当教授との定期的なミーティング以外は、学生が自らタスクとスケジュールを決め、主体的に進めていかなければなりません。
　私は北京に本社がある野菜の卸売り会社が輸入有機野菜・フルーツを販売するECサイトを立ち上げるというプロジェクトに参加しました。プロジェクトのゴールは、この事業に対する提言をまとめ、依頼主である企業の社長にプレゼンテーションすることです。チームで市場・競合調査、ユーザー調査を行い、その結果を踏まえてディスカッションし、製品、価格、流通、プロモーションの4つの戦略をまとめました。
　こうした形式の授業は欧米のMBAでもあると思いますが、アジアMBAでは当然、基本的にアジア市場のケースが題材となります。日本企業のこれからの展開を考えたとき、これは多くの日本人学生にとって魅力的な側面と言えるでしょう。中国市場において中国人に向けた新規サービスを検討・立案するという経験は、とても勉強になりました。
　しかし、最後の最後、プレゼンの場で悔しい思いをすることに。成果の発表の場である、社長に向けてのプレゼンテーションがすべて中国語で行われることになったのです。ローカル企業の社長さん向けのプレゼンテーションなので、英語ではなく中国語で行ってほしいと求められ、結局チームにいた中国人クラスメートがすべて発表することになりました。
　自分が担当したパートすら発表できず悔しい思いをしましたが、中国大陸でビジネスをするには中国語が必須だと改めて実感し、中国語習得へのモチベー

ションは大きくアップしました。

Japan Trip 企画で実感した「常識」の違い

　クラスメート総数 90 名のうち、日本人は 4 人いました。MBA 生活にも慣れた頃、その 4 人で、クラスメートとともに日本に行って日本文化を紹介する旅 "Japan Trip" を企画しました。

　学校が休みの期間に、可能な限り予算を抑えて参加ハードルを下げながらも内容はローカルプロデュースの旅。パッケージツアーでは決して味わえないような企業訪問、実家訪問、おすすめの日本居酒屋、そして Japanese Karaoke 体験など、特別な体験をしてもらえるよう企画を練り上げました。

　その時事件は起きたのです。当初参加を表明していた中国人クラスメート 4 人が一斉にキャンセルしたいと言いだしました。既に参加申込の締切は過ぎて、数日後には航空券購入のために入金というタイミングでした。授業と授業の間、すごく気楽な感じで「私たち 4 人、Japan Trip 行くのやめたわぁ〜」と言われ、私は唖然。「Why？　昨日は行くって言っていたじゃない！」

　そして、なんなんだ！　あの軽い雰囲気は。Sorry の一言もないのか！　フツフツと怒りがこみ上げてきます。理由を聞けば、「値段が高すぎるから」とか。10 人以上の参加を見込み、移動手段はミニバスを借り、ホテルとも値段交渉をしたりと、旅行会社のツアーと同じぐらいの値段まで引き下げる努力をしていました。ここで 4 人のキャンセルが出ると、その価格では旅行が実現できなくなってしまいます。

　人数変更により、他のメンバーの旅行代金アップは免れない事態。そしてこのタイミングで謝罪もなく急にキャンセルしてきたクラスメートに対する憤り。数ヶ月前から、どんな旅行ならクラスメートに楽しんでもらえるだろうと企画を練って、コスト交渉をしてきたのに。悲しいとしか言いようがありません。

　しかし、仲の良い他の中国人クラスメートにこの話をしたところ、
「それは、千春がいけないよ」
　えっ？　なんで？　意味がわからない私に友人は続けました。
「だって、彼らはまだリスクを負ってないじゃないか。仮に行くと言っていたとしても、いつでもキャンセルできる状態だよ。入金して、金銭的リスクを背

負って、初めて契約成立だよ」

　これにはびっくり！　私の常識では、そんな考えはありませんでした。「Yes!」と一度でも言ったら、最後までやり通す。それが当たり前で、他人に迷惑をかけてはいけない、そういうものだと思っていました。しかしこれは私の、もしかすると日本人の常識であり、彼らの常識ではなかったのです。

　この経験を通して、インターナショナルなメンバーとプロジェクトを進めるとき、自分の尺度だけで物事を考え判断してはいけない、ということをリアルに学びました。

　その日の夜、キャンセルを申し出た中国人クラスメート4人は、どこかから私の気持ちを聞いたようで、私の好物のビールを持って部屋に謝りに来てくれました。顔を合わせて、そこにビールがあれば、怒りも悲しみもすぐに水に流すことができちゃうわけで、一件落着となりました。なお、Japan Trip はこの直後に東日本大震災が起きたことで残念ながら企画自体中止となりました。

香港の日本人 MBA 生とのつながり

　香港には香港中文大学だけではなく、他にも香港大学、香港科学技術大学という有名校があります。この3校のMBAのつながりは深く、私も在学中には3校合同のハローウィンイベントに参加したり、サッカーの試合を行ったりと、交流する機会が多くありました。

　中でもこの3校の日本人コミュニティは充実しており、定期的に合同飲み会を開催して情報交換をしたり、香港で活躍する日本人エグゼクティブを招いて勉強会・交流会を開いたりしています。最近では3校の在校生が主体となって香港で学ぶ学生・社会人に向けて情報発信を行い、ネットワークの場を提供する "Hong Kong × Global Forum" という大きなイベントも年に1回開催しています。

　このように香港の日本人 MBA ネットワークは、在学中だけではなく、卒業後も交流が続きます。Facebook では3校の日本人在校生・卒業生を中心に「香港 MBA3 校合同 Japanese+」というグループを作り 80 人以上が情報交換を行っています。最近は香港だけでなく、他のアジア地域（中国本土、シンガポール、インド、韓国）の卒業生と合同でアジア MBA 学校説明会イベントを実施するなど、

アジア MBA のネットワークの輪はエリアを越えて広がっています。この本も、アジア MBA 卒業生のネットワークがあったからこそ、5 つのエリア、14 校の協力を得て「アジア MBA」の枠組みでまとめることができました。

　この自校に限らず、香港、さらにはアジアへと広がるネットワークの広さと、「アジア」に集った仲間達という一体感もまたアジア MBA の魅力の 1 つだと思います。

　前にも書きましたが、香港中文大学は基本 16 ヶ月のプログラムのため、2 年目は各自選択したプログラムにより行き先がバラバラになります。世界各地の MBA に交換留学に行く人、ダブルディグリーを取得しに他の MBA に行く人、長期インターンシップをしながら香港に残り単位を取得する人、1 年で必要単位を取り終えて働き始める人など。そのためサードタームが終わった 6 月以降、徐々に香港を離れるクラスメートが出てきます。

　私は 9 月から北京大学 MBA に交換留学に行くことを決めており、その前の 2 ヶ月間は北京で集中して中国語学習をすることにしました。そのため、クラスメートの中でも最も早い 6 月中旬に香港を離れ、次の地、北京へと向かいました。

北京でMBA

英語？　中国語？　本当に必要なのはどっち？

　北京に来て、すぐ家探し、携帯購入、銀行の口座開設と生活をするために必要な手続きを始めました。

　さすがにニューヨーク、香港に次いで海外居住生活も3都市目。住むための準備にも慣れてきたのでどうってことないかと思いきや、言葉の壁にぶつかりました。英語がまったく通じないのです……。タクシーに乗れない、携帯も買えない、オーダーしたものが出てこない、けれど文句も言えない。したいことが何一つできない！

　つい数日前までの、MBA生だとか、ちょっと英語が話せるようになったとか、そんな自信が見事に打ち砕かれました。ここ北京では中国語が話せないと人として扱われないのか、と。

　鼻っ柱をへし折られ、逆に中国語に対しては俄然やる気が出てきました。なんとしても、ここ中国の中心、北京で中国語をものにするぞと決心。MBA受験に続き、1日10時間以上、今度は中国語を勉強する日々が始まりました。

　ここで私が実践した中国語勉強法をご紹介します。私が中国語学習のベースにしたのが、北京語言大学※での授業と、家庭教師とのプライベートレッスンです。この北京語言大学の中国語の授業はとても定評があり、多くの留学生が

※　北京語言大学の中国語の授業は、MBAの授業に含まれるものではありません。そのため自分自身で申し込みを行い、別途授業料を支払う必要があります。

中国語を学ぶ多くの留学生が集まる
「北京語言大学」

中国語を学びに通っています。期間は2〜3ヶ月のコースから、1年単位のものもあり自分にあったものを選択することが可能です。また、北京大学、北京語言大学、そして清華大学は北京の北西部の同じエリアに位置しており、両方通うにもとても便利です。学習方法については、英語の反省も活かし、中国語は初めから"質と量"の両方を徹底的に意識して勉強しました。

[量] 1日の勉強スケジュール
　　8:00 〜 15:00（6時間）北京語言大学にて授業
　　15:30 〜 18:30（3時間）家庭教師（会話）
　　夜2〜3時間　予習＆復習

[質] インプットも大切だけど、アウトプットはもっと大切
　インプットしたのと同じ量を、必ず実践で使うアウトプット（会話）重視の練習を行いました。具体的には、中国語しか話せない家庭教師と共に1日3時間みっちり会話練習を行うこと。中身は、雑談のようなおしゃべりタイムを1時間、日本語ドラマを見ながらその場で同時翻訳する練習を1時間、さらにテキスト朗読をしながら発音を矯正していく1時間と、徹底的に話す訓練をしました。
　日常生活でも、英語が話せない中国人と会話する機会を積極的に作るようにしました。タクシーに乗るときは必ず助手席に座って、話しかけられなくても

運転手さんに自分から話しかける（日本では絶対しませんけどね）。ネイルサロンでは、地方出身のお姉さんの聞き取りにくい中国語でも1時間会話を途切らせないようにするなど。最初は大変ですが、案外どうにかなるものですし、クラスメート以外のローカルの人々とのコミュニケーションは新たな発見があり、とても楽しいのです。そして何より「カタコトの中国語を一生懸命話す日本人」というだけで、たいてい喜ばれます。

　さて、冒頭の「英語？　中国語？　本当に必要なのはどっち？」について。これは私が留学前に悩んだ問いですが、答えは「日本語＋英語＋○○語」なのだと思っています。○○語は、人それぞれ自分が好きな国の言語を選べばよいでしょう。私にはそれが中国語でした。
　○○語が増えれば増えるほど、世界中でコミュニケーションできる人の数が増えます。日本から一歩外に出ると、誰も日本語は話しません。だから私たちは英語を学び、そしてより多くの人とより深いコミュニケーションをするために、第2外国語を学ぶのだと思います。「英語＋○○語」を身につけやすいという意味でも、アジアMBAはとても魅力的な選択肢だと思います。

混沌の地、北京

　香港と北京、現在はどちらも中国の都市ではありますが、まったく別の国であるかのように、町の雰囲気、言語、生活水準、そして人が異なります。どちらだけを見て中国を語ることはできませんし、両方見ても結局わからないのですが、やはり現地に行き、住み、土地の人と会話することで初めて、中国の一端を理解できるのだと思います。
　私はMBAを受験するときから、交換留学では北京に行こうと決めていました。なぜなら、政治の中心ですし、最も中国らしい都市だと思ったからです。
　北京で学生生活を送っていたときのエピソードをいくつかご紹介しましょう。

北京のトイレ——レベル1〜5まで

　いきなりトイレの話？　と思われるかもしれませんが、海外で生きていくうえでトイレ事情は生活の重要ファクターの1つです。その国ごとのトイレ事

情はとても興味深いものですし、海外と比較することで日本のトイレ水準がとても高く世界一の清潔さと快適さを備えているとわかり、誇りに思えるようになります。ウォシュレットは今や日本では公共トイレ、高速道路のサービスエリアですら設置されていますが、日本以外の国で出会うことはほぼ皆無です。ちょっと話が日本のトイレ愛へと脱線しましたが、中国のトイレ事情はそれはそれでとてもおもしろいです。私の中国20都市の旅行経験から、トイレを5つにレベル分けしてみました。

- **レベル１：紙なし**……これが中国のごくスタンダードなトイレ。もちろん、北京大学のトイレにも紙はありませんでした。紙は無料ではないのです。設置したら、なくなります。ですので皆必ずマイティッシュ持参。
- **レベル２：水が流れない**……レバーを押すまで常にドキドキします。
- **レベル３：鍵なし**……鍵が壊れているもの。よくあります。片手で扉を押さえて用を足します。
- **レベル４：扉なし**……なぜか扉が丸ごとなくなっており、横のついたてしかないパターン。たいていの人はその個室は避けますが、おばちゃんは平気でそこで用を足します。
- **レベル５：大部屋**……一度しか見たことがないのですが、大部屋の両サイドが一段高くなっており、間に長い溝だけがあるトイレ。一瞬戸惑いますが、使用方法は簡単で、溝にまたがってすればいいのです。プライバシーゼロ。
- **番外編：大便禁止**……これは北京の中級レストランで見た、女子トイレの中の張り紙に書かれてあった言葉です。一瞬、「？？？」と思いますが、書いてある通りの意味。「そんなこと、ここまで来て言われても」と普通は思うでしょう。何度かそのレストランには行きましたが、いっこうに修理される気配はありませんでした。
- **番外編：ニーハオトイレ**……この単語は中国に住んだ、もしくは旅したことがある人達の間では公用語になっている、扉なし、ついたてなし（もしくは腰ぐらいまでの高さなど）の、用を足すとき周りの人の顔を見ながら会話を楽しむことができるトイレのことです。「今の時代、さすがにもうないでしょ」と思いきや、ちょっと郊外のバスターミナル、レストランなどには普通にあります。なので、これから中国に行かれる方もきっとニーハオトイレにニー

ハオできるかもしれません！

北京の交通事情――タクシーはつかまらず、1日3回死の危険を感じる街

　私は自宅から北京大学、北京語言大学まで毎日片道10分の距離を自転車で通学していました。その際、往復で3回は、頭から血が上り「こらーーー！（怒）」と思う状況に出くわします。

　まず、中国の交通常識として、歩行者優先ではありません。車は横断している人を待とう、などという気持ちはないのです。また車道を走っている自転車には注意が払われないため、左折の際には常に巻き込まれそうになります（中国は右側通行）。しかし、そこでヒヨっていると横断歩道は一生渡れませんし、毎回カーブの度に自転車から降りなければならなくなります。歩行や自転車走行の際は、細心の注意を払って、強気で前進することが求められます。「まぁ、1日3回も道を歩いているだけでイライラしていれば、そりゃあ性格は荒っぽくなるよね……」なんて妙に納得してしまいました。

　交通事情と言えばもうひとつ。北京はタクシーがつかまりません。タクシーの価格が安すぎて、需要と供給のバランスが合っていないのが原因です。完全に売り手市場のため、乗車拒否は当たり前。日本で言う白タク（中国では黒タクと呼ぶ）も横行しています。タクシー争奪戦は、仁義なき戦いです。自分より前に新たな競争相手が現れれば、さらにその前を陣取ります。そしていかに車の流れを読み、次に空車が来そうな最適なポイントで網を張らなければいけません。北京ではタクシーに乗るにも、毎日が戦いなのです。

　もっとも、近年は"滴滴打車"というタクシーを事前に予約、呼べるサービス（アプリ）ができ、ずいぶんとタクシー事情も良くなっているようです。

中国の最高峰「北京大学生」と24時間営業の図書館

　北京大学は言わずもがな、中国13億人の最高学府です。我が息子、娘が北京大学に入ったともなれば、一家の大事件。入学シーズンには一人の新入生に両親だけでなく、親戚総出なのか10人近くの家族が付き添って、学内の至る所で記念撮影をしている姿が見受けられます。

　一人っ子政策が続く中国では、彼・彼女は家族の希望の星であり、一身にその一家の未来を背負っています。最難関の大学入試を突破してからも、就職、

北京大学図書館

北京大学の食堂

結婚とまだまだプレッシャーは続くでしょう。目には見えませんが、中国の家族間の距離感は日本に比べとても近いです。彼ら中国の学生が受ける親からの期待と重圧を思うと、ちょっと胸が痛みます。

　さて、そんな中国全土から選ばれし秀才が集まる北京大学ですが、学ぶには最高の環境が整っています。中国で最も古い近代的図書館と言われる北京大学図書館は24時間営業。夜にも明かりが消えることはなく、昼夜学生が勉学に励んでいます。学食は至る所にあり、朝昼夜すべてここで食事を済ますことができます。価格も良心的。たとえば私がよく食べていたご飯＋おかず2品＋スープのセットで約100円。これで十分お腹いっぱいです。

　その他、構内には、寮、銭湯、スーパー、八百屋、本屋、床屋、写真屋など、ここだけで生活できる環境が整っています。構内で目にする学生に華やかさはなく、地味で質素で、皆勉学に励み、次なる「就職」という戦いに備えて必死な様子でした。このような雰囲気や必死さは、今の日本の大学生にはなかなか見られないのではないでしょうか。

授業のエピソード──中国のネットサービス

　北京大学では、Current Topics in Chinese Strategy and Investing、China in Transaction Economic and Development など China Business に特化した授業を複数選択しました。その中で、特に興味深かったのは、"E-business" という授業の "Taobao vs eBay in China" というレクチャーです。

　現在の中国で EC サイトとして圧倒的なシェアを持つ Taobao ですが、eBay は Taobao が設立される前の 2001 年に中国市場に進出し、EC サイトを運営していました。しかし eBay は Taobao に負け、2006 年には中国市場から撤退。なぜ eBay は先行していながら敗れたのか？ なぜ Taobao はサービス開始から 2 年という速さで eBay を追い抜く事ができたのか？

　授業で浮かび上がってきた一番の要因は、eBay がアメリカで成功したビジネスモデルをそのまま中国で展開したのに対し、Taobao は「中国人のための EC サイト」にこだわったことでした。eBay はアメリカで用いた出店フィーモデルをそのまま中国でも導入していましたが、Taobao は出店フィーをゼロにしました。マーケティング面でも、大規模な広告予算を使ったプロモーションを行っていた eBay に対し、Taobao は口コミを利用してサービスを草の根的に広げる手法を取りました。

　また 2000 年代前半の中国ではオンラインによる支払いシステムがまだ確立されていなかったこと、さらに中国ではクレジットカードによる決済自体がポピュラーなものではなかったことも原因のようです。アメリカのクレジットカード社会で確立された EC サイト、eBay のモデルは中国市場ではまったく機能しませんでした。なお、私が中国にいた 2010 年に楽天は Baidu（百度）と合弁で EC サイトをオープンしましたが、2 年経たずに閉鎖しています。文化・習慣の違いを乗り越えるのは難しいということでしょうか。

　プロダクトではなくサービスを提供する海外企業が中国市場で成功するには何が必要なんだろう……授業を通してそんなことを考えました。

　私が中国で生活していたとき利用していたサービスはといえば、

- 検索する……Baidu（百度）か Google
- 動画を見る……Youku

- つぶやく……ウェイボー（Weibo）
- メッセージ……ウィーチャット（WeChat）
- レストラン探し……大衆点評 (Dazhongdianping)
- 航空券予約……Ctrip

　これらすべて中国企業のサービスです。これら中国発のサービスには日本のものより便利だと感じるものがいくつもあります。たとえば、「食べログ」と「ぐるなび」と「Hotpapper」が1つになったような大衆点評、格安航空券とホテルの予約がまとめてできるCtripなどは、情報の網羅性や1サイトで完結する利便性という点で、日本のサービスより圧倒的に便利だと感じました。

　他にも、たとえばWeChatはLINEより早く音声チャットの機能を提供していました。私の中国人の友人もテキストを入力する代わりに音声メッセージを多用していました。この機能は公共の場で個人的なメッセージを話すこと・聞くことに抵抗がある日本人には向かなそうですが、こうしたネットサービスに関して中国には世界と同等、もしくはそれを上回るものが多くあります。そんな現地事情を知ったことで、eBayや楽天の例に限らず、海外企業が中国でサービスを展開し成功するのは容易ではないことを体感したのでした。

帰国、卒業…

　MBA後の進路は様々です。どこで働くか、どの業界に行くか、外資か日本企業か、はたまた独立か、とても幅の広い選択肢があります。「MBAの後、就職は大丈夫ですか？」と聞かれることも多いのですが、私は「大丈夫です。」と答えています。普通に転職するよりも、自分の実力もついているはずですし、その分可能性が広がっているはずです。

　私の場合ですが、10年後先に何をしていたいかなと考え、「中国のMBAで学び、感じ、考え、そして大好きになった"アジア・中国"と日本の間の仕事がしたい」ということを決めました。そして、その観点で色んな企業のグローバルマーケティングに従事できる可能性がある仕事ということで、今の広告代理店のグローバル営業というポジションを選びました。

　就職活動のプロセスとしては、北京に住んでいるときに情報収集を行い、日本に一度帰国し面接を受けてすぐオファーをもらいました。というわけで、私の就職活動は1ヶ月程度と、とてもあっさり、短期間で終わりました。

　こうして、2012年1月末、ニューヨーク、香港、北京の3都市に住み、2年半ぶりに東京に戻ってきました。MBAに受かってもいないのに、会社を辞め、ニューヨークに渡り、そして自分自身予想もしていなかった香港・北京でMBAを取得、卒業できたこと、この2年半を思い返し、大きな達成感がありました。この3都市の海外生活で自分の目で見て、異国の仲間と共に学び、時間を過ごしたことで、私の世界観、価値観は大きく変わりました。何が一番大きく変わったのかというと、「私はこれからどこでも生きていける」という自信がつきました。

ついに卒業

　香港MBAは期間がフレキシブルのため、卒業式のタイミングが人によって違います。12ヶ月で単位をとり終える場合は、1年半後の12月の卒業式に参加、そして16ヶ月コースで単位を取り終える場合は、通常入学してから2年半後の12月に卒業式が行われます。1年間家族のように時間を過ごしたクラスメート全員で卒業式を迎えられないのは、とても残念なのですが、香港を既に離れているクラスメートもこのタイミングには香港に戻って来て、プチ同窓会のような雰囲気になります。この卒業式を終えると、MBAのオフィシャルなイベントはなくなり、もうこのメンバーで会えることもなくなるのかと思いきや、卒業後既に2年が経ちますが、週末を利用してアジア各地のクラスメートの結婚式に参加、そしてふらっと友達に会いに、香港、北京、上海、台湾にと、年の出国回数は10回以上、また多くクラスメートがビジネストリップ、プライベートで日本に来てくれるので、なんだかんだで月一以上の頻度でクラスメートとの交流が絶えません。香港、北京を去るときには、友達との別れが本当にさみしかったのですが、今はお互い「ちょくちょく会うね」、なんて言っています。MBAという同じコミュニティに、たまたま同じタイミングでいた同世代の国境を越えた仲間、このネットワークは一生続いていくと思いますし、大切にしていきたいと思います。

結局アジアMBAって、どうなの?

どんな人に向いているか

これは主観が入った個人的な意見になりますが、香港・北京生活を経て、アジアMBAに向いている人ってこんな人なんじゃないか、ということをまとめます。

違いを楽しめる人

アジアMBAは、日本での認知度はまだ高くありません。アメリカMBAトップスクールのように学校名を言うだけでわかってもらえることは少なく、誰もが知っているアメリカMBAトップスクール卒業と同じステータスありません。しかし、アジアMBA各校毎年カリキュラム、教授陣、キャリア支援など様々なプログラム改善を行っており、日々発展途上です。近年アジアMBAの評価がMBAランキングで急上昇しているのもこうした理由であり、今後数年間で大きく変わっていく可能性があります。現在、日本人の卒業生の数はまだ200名ぐらいですが、逆の側面で見れば希少価値があります。ここ近年日本人のアジアMBA留学生数は右肩上がりです。アジアMBAの日本人卒業生は年々増えていることに比例して、アジアMBAの日本における知名度も確実にあがっていくでしょう。

そしてもう一点お伝えしておきたいこととしては、アジアMBAのたいていの地域では日本と同じ生活水準ではありません。もちろん、シンガポール、香港は比較的日本と近い生活ができるかもしれませんが、北京、インドに行けば、まったく違う世界が待っているでしょう。生活においても、この違い楽しめる

人が、アジア MBA には向いているのかもしれません。

心身共に健康な人

　程度の差はありますが、アジアの他エリアでの生活は日本と異なります。たとえば、食に関しては、中国では油、香辛料の強い中華、インドではカレー、韓国ではキムチを中心とした韓国料理が主食となるでしょう。食べ物以外にも、衛生面では、水、空気、トイレなど生活するには欠かせないものが、日本と同じではありません。このように、"異なる"ものを心身ともに受け入れられる、ストレス体制の強い人はきっとアジア MBA でうまくいくはずです。

　そして、せっかく時間もお金も使っていく MBA ですので、行ってから「違った！」と気づくのは、とても不幸です。できれば、留学前に現地に行ってみてください。そして数日間は滞在し、現地の雰囲気を肌で感じてみてください。

アジアが好きな人

　最後はこの一言に尽きます。だから、アジアに行くと決める前によく考えてみてください。「なぜアジアなのか？」、それが腹の底に落ちたら何の問題もないでしょう。

「好きこそ物の上手なれ」

　さて、ここまで私の体験談をお読みいただきありがとうございました。アジア MBA への興味が高まってきたでしょうか。他の学校のことも知りたい、他の卒業生の話も読みたい、と思われている方も多いかもしれません。

　Part II では、アジア 5 つのエリアの合計 14 校の卒業生に、各校の留学体験記、また特徴的な経験ををコラムとして紹介してもらいます。私個人の経験はアジア MBA の一端に過ぎません。総勢 21 名に及ぶ異なるエリア、学校の体験談から、アジア MBA の魅力をさらに見つけていただけたら、とてもうれしいです。

Part II

留学体験記

清華大学経済管理学院 (Tsinghua SEM)

Tsinghua University School of Economics and Management

河野 仁 Hitoshi Kono
入学／卒業　2011年9月入学／2013年6月卒業
入学時年齢　29歳
留学前学歴　一橋大学経済学部
職歴　　　　現職：三井海洋開発株式会社 アセットマネジメント部
　　　　　　前職：外資系証券会社 金融市場営業部
留学方法　　私費、妻帯同（半年間）
海外経験　　前職時の海外研修・出張、及び旅行

世界一周の旅を経て、台頭する中国へ ［選んだ理由］

　はじめまして、河野仁と申します。大学卒業後、外資系証券会社に入社、金融市場営業部（主にデリバティブ業務）で約5年半お世話になった後、世界一周旅行を経て、2011年9月に私費で清華大学MBAに入学しました。

　前職では同僚、上司、職場環境にも非常に恵まれ、順調なキャリアを築いていました。一方、忙しい毎日の中で、自分がこの一生でやり遂げたい事とは何なのか、時間をおいて考えてみる機会も必要だと感じたことが、留学を思い立った一番の理由です。

　中国本土を留学先に選んだのは、①高校の修学旅行以来、何度か中国を訪問する機会があり、人々の力強さに興味を持っていたこと、②留学前の2010年、4兆元に及ぶ大規模な公共投資により中国主導で世界経済が回復していた局面であり、かつ金融自由化も進むのではないかと噂されていた時代だったこと、③マスコミの受け売りではなく、政治的に対立する隣国の実情をこの目で確かめたかったことが理由です。中途半端な選択にならないよう、英語圏である香港やシンガポールのMBAは受験せず、受けたのは結局、清華大学と北京大学の2校のみでした。

　最終的には、共産党幹部の卒業生が多く、かつアメリカのMIT（マサチューセッツ工科大学）と共同でMBAを行っていて、比較的オープンな校風だと感じた清華大学に進学することを決心しました。

初日の軍隊式トレーニングに驚愕！［学校生活］

　意気揚々と臨んだMBA生活でしたが、最初の全員参加ブートキャンプ（1泊2日のオリエンテーション）ではその「中国式」に大いに驚かされました。同級生全員（中国人約300名超、外国人約60名）が参加するのですが、中国人ほぼ全員が国内ではいわゆるエリートです。自由な雰囲気の場かと思いきや、共産党軍隊式トレーニングの様相でした。

　主催者の号令で整列したり、遅刻や列の乱れには罰則が与えられたり、代表者が「次は○○の活動だ。わかったか？」（すべて中国語）と力強く問いかけると、直後に中国人生徒全員が「好（ハオ）！」と大声で返事をしたり、中国式（?）拍手（指先までピンと伸ばして全力で拍手）の音が小さいと何度も練習させられたり。私を含め外国人全員が「とんでもない学校に来てしまった……」と初日から青ざめたのを覚えています。

グループ単位の勉強で生まれた強い絆［クラスメートとの思い出］

　授業は5人〜6人から成るグループ単位で宿題と発表をする機会が多く、グループのメンバーとはすぐに仲良くなりました。日本が大好きな中国人も多く、漫画（同世代では『スラムダンク』が圧倒的人気）、俳優（のりぴー、福山雅治も有名）、ドラマ（『東京ラブストーリー』はかなり有名で、カラオケでは「ラブストーリーは突然に」を何度も歌わされた）できっかけを作り、すぐに打ち解けることができました。

　一方、ネガティブな意味で国籍を意識することも多くありました。たとえばある時、変わり者の中国人クラスメートが「微博」という中国式Twitterに「隣に日本人（実際は日本人に対する蔑称使用）がいて授業に集中できない」とコメントしたのです。しかし、気づいたクラスメートがすぐに私に知らせてくれて、その「微博」で多くのクラスメートが「そんなコメントは許せない」と発言。学校側からも私に対して正式に謝罪がありました。

　尖閣諸島問題で大規模デモが発生した際は、北京に住む友人が日本人だという理由でタクシーの乗車拒否に遭う事件をよく耳にしました。自分が日本人であることをオープンにしづらい緊張感の高い毎日でした。しかし、ここでもクラスメートが「もし何かあったら遠慮なく連絡してくれ」「一部の中国人が過激になっているだけだから安心してほしい」「どうせ中国人は2ヶ月も経てば忘れるよ」といったメールや電話をし

清華大学経済管理学院（Tsinghua SEM）

てくれました。非常に勇気づけられたことを覚えています。

複雑な日中関係を背景にジャパントリップを企画　［学外の活動］

　中国人が日本に対して抱く印象はとても複雑です。各論（日本の生活水準、技術、製品、治安等）では日本に憧れているのに、総論（政治、経済、領土問題）ではネガティブな印象（日本をいまだに軍国主義の国だと思っている人もいる）を持っている同級生も多くいました。彼らは中国社会の中ではエリートですが、報道や教育によって事実や思考が歪められ、日本のことを勘違いしている点は非常に残念でした。

　そこで、日本での文化体験を通して日本のことをより理解してもらおうと思い立ち、ジャパントリップを妻とともに企画。中国人7名、シンガポール人1名、韓国系アメリカ人1名、マレーシア人1名の10名を引き連れて東京（築地、浅草、日本人との交流等）・京都（寺社、座禅体験、茶道体験等）・大阪を訪問しました。

　実施にあたっては中国人の観光ビザ取得に苦労しました。パスポートや戸口（戸籍謄本）の他、就業証明書、就業先の営業許可証、財産証明書、5万元（＝約65万円）以上の銀行預金残高証明書、その他資産（不動産、自動車等）の証明書が要ります。観光ビザの場合、5〜10万元（約70〜140万円）の保証金を預ける必要まであります。15日以内ならビザなしで中国に行ける日本人に比べ、中国人が訪日するのは金銭的・時間的・心理的な負担が相当大きいのです。一般的な中国人にとって、日本はまだまだ近くて遠い国だと感じました。

未知の分野で実践経験。コンテストにも参加し優勝！　［インターン］

　前職とは異なる経験がしたいということもあり、2年目の夏のインターンシップは①中国でビジネスをしている日本の中小企業、②独自の技術やユニークな戦略によって中国市場を開拓中の企業、③社会インフラやエネルギー関係の企業、という3つを基準に探し、株式会社ナガオカという水・エネルギー系企業の大連支店立ち上げを約2ヶ月間お手伝いさせていただきました。主な業務は、大連支店及び工場の社内規定作成と各種行政手続きです。

　また、その秋にはブーズ・アンド・カンパニーという米系コンサルティング会社の北京支店で、中国最大規模 Private Equity（投資会社）の投資

ジャパントリップで
金閣寺を訪問

アドバイザリーを約2ヶ月弱行いました。
　また同時期に、ICMGという日系コンサルティング会社が主催するケーススタディコンテストにクラスメートとともに参加しました。中国大陸のMBA生が参加するコンテストです。私のグループは、尖閣諸島問題で苦境にあった大手日系自動車会社の中国市場における高級車ブランディングについて研究・提言を行い、第1位を獲得しました。

日本への問題意識から仕事を選ぶ［就職活動］
　中国での約2年間の生活を通して、1つの問題意識を持つようになりました。日中の政治的対立が深まる一方で、日本の経済的存在感が年々低下しているのではないか、ということです。また、世界一周旅行、中国という巨大な新興国での生活、さらに東日本大震災を通して、社会インフラ、エネルギー、水資源を確保することの重要性も強く感じていました。そこで、就職活動では日本の社会インフラやエネルギー関係の会社を中心に探そうと決意。これぞと思った企業には自らアプローチしつつ、知人に紹介を頼んだり、転職エージェントに依頼したりしました。現在はMODEC（三井海洋開発）という、海洋資源開発分野で世界第2位の会社でアセットマネジメント（担当SPCの経営管理全般、顧客であるエネルギー会社への対応）の業務に携わっています。

清華大学経済管理学院（Tsinghua SEM）

日本を出てこそ得られる視点が、人生の幅を広げてくれる［総括］

　日本では、欧米に比してMBAの評価が低い上に、アジアのMBAとなるとさらに評価が低く、MBA卒という肩書きよりは前職での経験が評価される傾向にあります。このことはアジアのMBAの不利なポイントとして覚悟しておくべきかもしれません。

　一方で、会社の肩書きなどない一個人としてさまざまな中国人と本音で議論し、彼らのリアルな考え方やその行動の背景を知ることができたのは、中国MBAで得た大きなメリットです。多くの面で日本と異なる、巨大な社会主義新興国である中国での生活は、私に新たな客観的視点を与えてくれました。それは中長期的に私のキャリアや生活に役立つスキルだと思っています。清華大学MBAへの留学を通して人生の幅が広がったことは間違いありません。

未来のアジアMBA生への応援メッセージ

「人生一度きりなんだから、やりたい事をやりたい時にやったもの勝ち」に尽きます。そして、その結果責任を自分自身が負えばいいのです。本書を通して、多くの方が自身のキャリアを再考するきっかけになり、それが大きな流れとなって、多様な生き方が認められる社会に変化していくことを期待しています！

スケジュール

	1年目				2年目		
	秋 (9-1)	冬休み	春 (3-6)	夏休み	秋 (9-1)	冬休み	春 (3-6)
(取得コース数)							
Core courses	7		8				
Elective courses			2		7		2
(時間配分)							
授業	60%		50%		15%		
語学	30%	30%	30%	20%	10%	20%	10%
インターン				60%	40%		
旅行		70%		10%			10%
コンサルPJ						30%	20%
ジャパントリップ			20%				
ビジネスコンテスト					30%		
就職活動				10%		30%	25%
卒論					5%	20%	35%
スタートアップ手伝い	10%						

留学費用の内訳

	現地通貨 (万元)	為替	円換算 (万円)
学費	19.2	13	249.6
住居費	14.4	13	187.2
生活費	9.6	13	124.8
現地語語学費	4.0	13	52.0
旅行	5.0	13	65.0
就活	1.0	13	13.0
合計	**53.2**		**691.6**

※無償奨学金(北京市政府・清華大学)30万円、他は自己資金で負担

北京大学光華管理学院 (GSM)
Peking University Guanghua School of Management

富田　建蔵 Kenzo Tomita

入学／卒業	2008年9月入学／2010年8月卒業
入学時年齢	32歳
留学前学歴	東京大学経済学部経済学科卒業
職歴	国土交通省
留学方法	公費、単身
海外経験	4歳の時に半年ほどアメリカ滞在経験あり
TOEFL	81点（iBT）、253点（CBT）
GMAT	660点

中国経済・社会を理解し国際的な仕事がしたい［選んだ理由］

　中国でのMBA留学を思い立ったきっかけは、経済・社会のグローバル化、アジアの高成長という世界的な潮流の中、その中心に存在する中国経済・社会の実情を理解するとともに、英語と中国語を習得し、将来的に国際分野の業務に携わりたいと考えたからです。

　2006年の夏に北京大学、清華大学、CEIBS、上海交通大学、復旦大学を訪問・見学し、公費留学の選考過程を通過した後、北京大学、清華大学、CEIBSの3校を受験して北京大学と清華大学に合格し、最終的に日本での知名度がより高いと思われる北京大学を選択しました。

当初は言葉がまったく通じなかった［入学までの苦労］

　私の留学前の語学レベルは、英語については大学受験では得意科目だったものの、会話はほとんどできず、TOEFLのSpeakingは4点というお寒い状況でした。また、中国語については、渡航前の半年間、赤坂にある東亜学院という中国語の語学学校の早朝レッスンを私費で受講したものの、早起きが苦手で出席率は1／3程度でした。そのため、北京に着いた当初は街中で言葉がまったく通じず、生活の立ち上げには苦労しました。

計画的な学習・社交で 2 ヶ国語をマスター ［在学中の努力］

　MBA 留学の最低限の目標は、授業で学んだ内容を理解して自分の物とし、MBA という学位を取得することですが、英語で勉強する以上、英語の上達も成果として得る必要がありますし、中国に留学しているからには、中国語も習得しなければなりません。

　日本に帰ってから「中国で MBA を取った」という話をすれば、ほとんどの人が「きっと中国語がお上手なのでしょう、素晴らしい！」という反応を示します。実は授業が英語だったので中国語はできません、ではがっかりされます。「中国に留学しているので中国語もできるし、授業が英語だったので英語もバッチリです！」という説明でないと、残念ながら多くの人はすっきりしないのです。

　英語については中学から大学まで勉強していたとはいえ、2 年間という限られた期間で英語と中国語、2 つの言語について上達するというのは、一般的に容易ではありません。

　また、MBA 留学の本質は経営学の勉強だけでなく将来に向けた人的ネットワークの構築にあると考えていましたが、社交の輪を広げていくためには、一定程度以上の語学力が必要となります。

　つまり、2 年間という限られた期間に中国での MBA 留学から最大限の効用を得るためには、語学力の向上とコミュニケーションの質・量の増加が比例関係にあることを意識して生活する必要があるのです。

　「英語（中国語）が上手にしゃべれないため、友達をつくることも、中国経済・社会を深く理解することもできず、学位だけは辛うじて取ったが実質的な成長を得られずに帰国する」——そんな残念な留学のパターンに陥ってはならないという強い危機意識の下、語学力の向上と交際範囲の拡大について、私は概ね以下のスケジュールで計画的に取り組みました。

- 1 年目夏：米国にてサマースクールを受講し、英語力を強化。
- 1 年目第 1 学期：MBA の授業や外国人クラスメートとの交流を通じて、英語力を強化。
- 1 年目第 2 学期：語学学校に通い、中国語の学習を開始。また、中国人クラスメートと積極的な交流を開始。
- 2 年目第 3 学期：授業外ではクラスメートとの会話を英語から中国語に変更。趣味のテニス等を通じて学外の中国人との交流を開始。

北京大学光華管理学院（GSM）

■ 2年目第4学期：北京駐在の日本人との交流を開始。

　段階的に交際の範囲を拡げつつも、既存の交友関係についても維持していく必要があるため、留学後半は人付き合いで大変忙しくなりましたが、北京にいる多種多様な方々と交流することで中国経済・社会に関する見聞を広めることができ、語学力についても最終的に英語・中国語ともにビジネスレベルまで上達することができました。

中国のケーススタディが充実。自ら企業訪問も [授業]

　MBAの授業は、科目を問わず中国企業・経済をテーマにしたケーススタディを数多く使用するため、理論的な内容のみならず、中国経済・社会を理解する上でも有用だったと思います。

　ただ、座学で得られる知見には限界があることから、課外学習として、企業訪問・工場見学等を積極的に行うよう努めました。大学が企画するスタディツアーに加えて、個人的なツテを頼る等、あらゆる手段を通じて様々なビジネスの現場を見る機会を探りました。結果的に2年間で日系・中国系など50社以上の企業を訪問することができ、大変有意義な体験でしたが、企業訪問の機会を探すことを通じて積極性が身に付いたことの方がより大きな成果だったかもしれません。

飛び込み営業でMBAの力を知る [クラスメートとの思い出]

　クラスメートは半分が中国人、半分が他国の人でした。多くの友人・知己を得ましたが、中でも親友と言えるのは、山東省・青島での社会人経験の長い韓国人クラスメート・K君でした。留学1年目の夏休み、起業意欲の強いK君が、中国市場進出を検討中の米国企業のブローカーとして深セン・広州近辺に所在する中国、香港、台湾等のサングラス製造業者に飛び込み営業をするというので、一週間ほど同行しましたが、これはとても良い経験になりました。また、当初は冷淡な反応を示した先方が、こちらが北京から来たMBAの学生だと知った瞬間、「うちの社長もEMBAを出ている」と言って急に応対が丁寧になり、その後の商談がスムーズに進んだこともありました。中国におけるMBAの意義・効果を知る上で貴重な実体験だったと思います。

　北京大学光華管理学院は、中国で最難関の学部とも言われており、中

清華大学、一橋大学の
MBA 生との交流

国の金融・投資業等に多数の人材を輩出していることで有名です。中国人のビジネスパーソン等と会って自己紹介する時は、「MBA を取得しています」と言うよりも「光華管理学院出身です」と言う方が一目置かれる効果が大きいです。

人格形成・キャリア形成の両面で有意義な留学 [総括]

　自らの中国 MBA 留学を振り返ると、私は公費で留学した国家公務員であるため、転職こそしていないものの、①社会人としての人格形成や②キャリア形成に大きく寄与したと考えています。

　①については、外国語が不得手というコンプレックスが解消されて自信がついたことが大きいです。国際色豊かな MBA で、今まで出会ったことのないさまざまな人種・国籍・バックグラウンドのクラスメートと交流を深めることができたこと、留学後も付き合いの続いている友人が世界各地にいることは、自分の人生が豊かになったことを実感させてくれます。加えて、「中国」という共通項を持った北京の日本人の方々（駐在員や留学生など）との異業種交流も得難い財産です。

　②については、帰国後、留学前のイメージ通り国際関係の業務を担当することができています。「中国留学経験者、北京大学 MBA 取得」であるという他者との差異を周囲にアピールするとともに、MBA 留学での経験を生かして意欲的に仕事に取り組み続けている結果だと思います。

　強いて中国への MBA 留学のデメリットについて挙げるとすれば、単なる中国語の語学留学よりも語学習得の効率が落ちること、欧米の一流ビジネススクールと比較すると日本においてはまだまだ市場価値が確立

されていないことです。とはいえ、こうした点を大きく上回るメリットがあると思います。

　最近では日系企業の中国から東南アジアへのシフトに関する報道も多くなされていますが、政治関係が難しい時期においても、地理的に近く、アジアの経済大国である中国と日本の関係の重要性に変わりはありません。英語と中国語の両方ができるビジネスパーソンは、中国だけでなく華人の多い東南アジアなどにおいても活躍が期待されます。中国へのMBA留学は、グローバルに活躍する人材に成長する可能性を提供する有力な選択肢の一つであると思います。

未来のアジアMBA生への応援メッセージ

「百聞は一見に如かず」と言いますが、中国経済の実態や中国人のメンタリティ、あるいは中国人といったん親しくなると次々と友人を紹介されて交際範囲が一気に拡がっていく感覚などは、実際に中国で生活をしてみないと理解できないと思います。今後、中国でMBAを取得し、国際的に活躍するビジネスパーソンが増えていくことを祈念しています。

スケジュール

	1年目				2年目		
	秋(9-11)	冬(12-2)	春(3-6)	夏休み	秋(9-11)	冬(12-2)	春(3-6)
(取得コース数)							
Core courses	7	4	2				
Elective courses		2	4		8	7	
(時間配分)							
授業	100%	75%	60%		40%	40%	
語学		25%	25%	50%	20%	20%	20%
インターン							
旅行			5%	30%	20%	10%	10%
コンサルPJ							
ジャパントリップ			10%				
ビジネスコンテスト							
就職活動							
卒論						10%	40%
その他(企業見学等)				20%	20%	20%	30%

留学費用の内訳

	現地通貨(万元)	為替	円換算(万円)
学費	12.0	13	156.0
住居費	9.6	13	124.8
生活費	19.2	13	249.6
現地語学費	3.0	13	39.0
旅行	10.0	13	130.0
合計	**53.8**		**699.4**

※全額公費負担

長江商学院 (CKGSB)
Cheung Kong Graduate School of Business

石川 尚 Takashi Ishikawa

入学／卒業	2011年9月入学／2013年10月卒業
留学前学歴	筑波大学人間学類卒業（専攻：心理学）
職歴	現職：株式会社ファーストリテイリング
	前職：株式会社ワークスアプリケーションズ
	株式会社キューブシステム
	海上自衛隊
留学方法	私費、単身
海外経験	（MBA前）出張ベースで海外プロジェクトに参画

自己革新めざし巨大市場・中国にフォーカス ［選んだ理由］

　MBA進学を決心したのは、キャリアの踊り場とも言える時期。自分の成長曲線が緩やかになってきているという閉塞感を感じていました。現場で改善を重ねる、社内で異動する、転職するなど、突破口になりそうな可能性を検討しましたが、最大のボトルネックは自分自身にあるのではと考えるに至りました。ビジネスに対する目線が低く、経営・事業レベルで課題を整理して解決する力を伸ばす必要がある。そのための最短距離がMBA進学でした。成長意欲に突き動かされた留学で、卒業後の具体的なキャリアについては走りながら考えるつもりでした。

　候補地は早い段階で中国に絞りました。マーケットの伸びしろが大きいのと、過去の旅行や仕事の経験から親近感を持っていたためです。留学は勉強だけでなく現地での生活体験が糧になりますから、おもしろいと感じられる土地で過ごしたい気持ちもありました。

　最終的には出願先を長江商学院に一本化しました。一言で言うと最も「中国どっぷり」な学校だったからです。学生の中国人比率が6〜8割程度と高く現地のネットワークを広げるには最適な環境ですし、北京の人々は標準語を話すため中国語を学ぶにも良い土地です。一方で欧米で実績のある教授を招聘してグローバルな視点で捉えた中国ビジネスを世界に発信していこうとしている目線の高さにも魅かれました。

平日は新幹線で、休日はカフェで勉強 [入学までの苦労]

　受験を決意したタイミングが遅く、非常にタイトなスケジュールで受験しました。12月に心を決め、1月にエッセイと出願書類を準備。2月に出願。3月に面接を受け仮合格。それからGMATを受け始め6月に最終合格でした。GMATを後にして先にエッセイだけ出したのは、早期出願だと奨学金をもらえる可能性が高いと学校から案内されたからです。この間、ほぼ毎週泊り込みの出張があり、往復の新幹線の中で勉強していました。土日もカフェにこもってGMAT対策。座ると眠くなるのでカウンター席で立ったまま過去問に取り組んでいた記憶があります。店員の皆さんから怪訝な目つきで見られていたと思います。

　エッセイは、お正月にセブ島に短期留学してフィリピン人の先生に相談に乗ってもらいながら書きました。GMATに関しては直前にSC (Sentence Correction) だけ予備校 (Y.E.S) に通って対策を行いました。

看板教授の教える "Pricing Strategy" [印象的な授業①]

　印象深い授業の1つは、プライシング戦略の授業。顧客、競合、コストとの関係で価格が決定するメカニズムを明らかにするとともに、マーケティングのさまざまなツールを用いていかに最適な価格を実現するかを考える内容でした。どちらかというと金融系に強い長江商学院ですが、この講義はマーケティング系の看板教授によるもので、非常にインタラクティブかつ中国企業のケースもあり、興味深かったです。中国人学生の議論から、「安かろう悪かろう」のビジネスモデルで低利益に甘んじている中国企業に対する問題意識を強烈に感じ取ることができました。

刺激的な米国研修プログラム [印象的な授業②]

　2013年から始まった試みで、6月に2週間半の日程で米国を訪問するプログラムです。ニューヨークでは約1週間、提携するコロンビア大MBAの講義の受講と企業訪問、その後はグループごとの自由行動です。自由行動ではありますが、ビジネスカンファレンスの企画開催、訪問先での企業訪問を行う必要があります。私のグループは西海岸でKPCBというVCとGoogle、Linked-Inを訪問し、シリコンバレーでは現地の投資家・起業家を招いたビジネスプラン・コンペを開催しました。米国に

おける華僑ネットワークの広がりと、ショッピングモールにおける中国人クラスメートの購買力の強さを見せつけられました。

学校を代表してビジネスプランをプレゼン！[自信を得たエピソード]

シリコンバレーのビジネスプラン・コンペで長江商学院代表としてプレゼンしたことが大きな自信につながりました。私以外の発表者は全員現地からの参加者でGoogleやLinkedInのエンジニア、審査員は米国展開している中関村発VCのパートナーたちでした。米国滞在中、毎晩プランを練って検討を繰り返し、できるだけの準備をしました。当日は発表の際に古いバージョンの資料を使ってしまうミスがあり、審査員から耳に痛い言葉ももらいましたが、伝えたいことは出し切り、別の参加者から「アメリカでやるなら一緒にやろう」と声をかけられたりもしました。課題と可能性の両方を感じた貴重な体験で、何よりもチャレンジした自分に自信がついた一日でもありました。

インターンシップ [ここが自慢！①]

私の在学した期は春と夏にインターンシップのチャンスがあり、春にEMBAの卒業生（アーンスト・ヤングのパートナー）が募集したものに参加しました。就職につながるものではありませんでしたが、アカデミックな学習と実務を結びつける意味で非常に良い経験となりました。夏のインターンは大規模で参加人数も多く、そのままインターン先に就職する学生もいます。また、一般企業のインターンとは別に、EMBAの卒業生が経営する企業における研修プログラムも用意されています。

よくケンカした韓国人クラスメートとの1枚

交換留学　[ここが自慢！②]

　交換留学は卒業前に行くケースと後に行くケースの2種類があります。留学先は米国ならコロンビア大学やコーネル大学、欧州はEMLYON経営大学院やIEビジネススクール等と提携しています。早稲田大学や台湾大学を選ぶ学生もいます。期間は概ね4、5ヶ月です。成績上位順で希望の学校を選ぶシステムになっており、米国MBAは人気で競争がありますが、それ以外はさほどの倍率ではありません。

中国ビジネスに関われる場を求めて　[就職活動]

　短期のMBAですので、就職活動については入学当初から考えていました。元々はグローバルに展開する日系企業の海外ポジションを狙う予定でしたが、徐々に中国に残りたい気持ちが強くなりました。

　中国人の知人の紹介で中国企業2社の面接を受け、1社は不合格、1社は合格。日系の人材紹介会社を介して外資系企業の中国拠点へのオファーもいただきました。しかしいずれも基本的に日本市場のみを相手にする仕事だったため、最終的にはお断りしました。学校に紹介された外資系の案件はネイティブレベルの中国語力が求められ不合格。私が希望した中国ビジネスの経験が積めるポジションは、MBAの空き時間で勉強しただけのレベルの中国語力では難しいと感じました。

　それから日本の紹介会社ともコンタクトを取り始めました。7月に長江商学院と一橋大学MBAの共催で開かれた「日中CEOラウンドテーブル」というイベントに合わせて帰国し、5日間で10社面接を受けました。中国に戻ってからは夏休みにSkypeで2次面接以降の選考。その結果、秋頃に現在の職場への入社を決めました。入社後すぐにグローバルなプロジェクトに参加できることと、中国で急速に事業拡大しており将来的に中国でのビジネスに関わる機会もあると考えたことが理由です。

　企業と人の出会いも縁です。中国は特に人の縁で始まる話が多いので、在学中からネットワークを広げて活動することをお勧めします。

中国にどっぷり浸れる満足度高いMBA　[総括]

　長江商学院の教育のクオリティには概ね満足しています。教授による講義だけでなく、部外講師を招いてのセミナーや、卒業生との懇親会、インターン、米国研修等々、さまざまな学びのチャンスがあります。1

学年1クラスで人数も多くないため、全員がすぐに仲良くなり遊びや旅行に一緒に行く機会もたくさんあります。中国はまだ日本に比べ物価も安く、慣れれば比較的安価に生活でき、居心地もよいです。

注意点は、良くも悪くも「中国どっぷり」のMBAであることです。講義ではもちろんグローバルなコンテンツを英語で学びますが、任意参加のイベントではある程度の中国語力が求められる場合があります（卒業生との懇親会で英語が苦手な方と話すなど）。また学校でも私生活でも、常に中国人に囲まれた時間を過ごすことになりますので、文化的に合わない方には向かないでしょう。

未来のアジアMBA生への応援メッセージ

中国については、外交関係の悪化に伴い日本ではネガティブな報道が目立つようになっています。日本企業の撤退が時代の趨勢であるかのように伝えるメディアもあります。1年近く生活した個人の経験から言っても、決してホスピタリティにあふれた外国人に親切な国ではありません。しかしながら、消費者の購買力向上、中国企業のグローバル化を通じて、中国マーケットが日本企業にとってますますその重要性を増していくという流れはしばらく変わらないのではないかと思います。

中国MBAという選択肢は、その巨大なマーケットを内側から観察し、人脈形成の足掛かりを築くことができる貴重な手段です。反日や大気汚染などのリスクを承知しつつも、チャレンジする価値は十分にあると思います。ぜひ、頑張ってください。

クラスメートや先生に言われた
印象に残っている一言

「それ格好いいね、どこで買ったの？」
　実話です。中国の、特に男性のファッションはまだまだ日本に比べて遅れているようで、よくこれを言われました。同じデザインのスーツを作りたいから型を取らせてくれ、とまで頼まれたことがあります。ちなみに、日本では一度も言われたことがありません。

スケジュール

	必修前半 (9-1)	春休み (2)	必修後半 (3-4)	選択前半 (5-7)	夏休み (8)	選択後半 (9-10)
(取得コース数)						
Core courses	11		4			
Elective courses				6		15
(時間配分)						
授業	75%		70%	50%		20%
クラブ活動	2%					
語学	18%	40%	20%	15%	30%	
インターン		40%				
旅行	5%	20%				20%
米国研修			10%	20%		
上海、深圳研修						40%
就職活動				15%	70%	20%

- 便宜上、必修前半・後半、選択前半・後半と分けましたが、実際のスケジュールはもっと細分化されています。必修期は毎週月水金が終日、火木が半日のみの授業という構成です。これにグループワークや各種イベント、外国人留学生の場合は夜間中国語クラスが加わりますから、かなりの忙しさです。土日も半分は勉強しないと追いつきません。
- 選択期は自己の都合と興味に応じて、柔軟にスケジュールを組むことができます。

留学費用の内訳

	現地通貨（万元）	為替	円換算（万円）
学費	36.0	12	432.0
住居費	2.8	16	44.8
生活費	7.0	16	112.0
現地語学費	0.5	16	7.7
旅行	2.0	16	32.0
就活	0.0	16	0.0
合計	**48.3**		**628.5**

※奨学金の額は学校との取り決めにより非公開

中欧国際工商学院 (CEIBS)
China Europe International Business School

山田 亮太 Ryota Yamada

入学／卒業	2011年8月入学／2013年4月卒業
入学時年齢	30歳
留学前学歴	東京大学経済学部卒業
職歴	現職：カナディアン・ソーラー・ジャパン株式会社　プロジェクト・ビジネス推進部
	前職：東京海上日動火災保険株式会社　資産運用第一部
留学方法	私費、単身
海外経験	小学生時代に南アフリカ共和国（ヨハネスブルグ）3年、中高生時代にイギリス（ハートフォードシャー）4年
TOEFL	Total 102 (L27/ R27/ S23/ W25)
GMAT	Total 670 (Q49/ V32/ AWA5.0)

国境を越えて活躍できる人材をめざして ［選んだ理由］

「今すぐ、会社を辞めなくてはならない」

新卒入社から5年目を迎えた2009年冬にこの考えが湧き上がった瞬間から、僕のMBAへの挑戦は始まった。「国境を越えて活躍できる人材になる」という目標だけを胸に、まずは海外ビジネススクールに進学し、次に進む道を決めることとした。

選んだのは上海のCEIBS。「中国語習得における最適地＝大陸中国」「留学費用の小ささ＝中国MBA」「中国ビジネスの中心地＝上海」「中国MBAナンバーワン＝CEIBS」という思考回路である。英国在住経験があったため欧米への憧れがなかったこと、将来的なビジネス機会を見越して中国語学習を約5年続けていたことが大きな理由だ。自己資金の範囲内で留学し、給与条件を一切気にせずに進路を決められる環境を自分に用意しておきたい、という思いもあった。

情報不足と孤独との戦い ［入学までの苦労］

第一の苦労、それは日本語の情報がまったくないことだった。日本人留学経験者もほとんどいないため、仕方なく "China MBA Guide 2009" という書籍をアマゾンで取り寄せ研究したものの、不安は拭えない。

もう一つは、孤独との戦いである。僕はMBA留学の目標について周

囲には完全に秘密にしていたため、受験準備中の約1年間は常に孤独だった。社費留学を目指す同僚に鉢合わせすることを恐れ、留学予備校を一切利用しなかったのも、困難をさらに強めた。特にGMATの恐怖は今でも鮮明に覚えている。独学をいくら続けようともまったくスコアが伸びず、最後まで不安な夜は続いた。

実践的な課題解決にチームで挑む［印象的な授業］

　CEIBSのカリキュラムの特徴は、学校のスローガンの通り"China Depth, Global Breadth"である。欧米で教育を受けた中国人を中心に、中国に縁のある豪華教授陣が最前線で教育に携わっている。

　CEIBSを特徴づけるChina Focusな授業を挙げると政治経済（China within the world, China Economic Reform）、人事（China HR）、オムニバス授業（China Discovery Week）などがある。実際に中国の改革・開放政策の理論的枠組を設計した呉敬璉教授による授業などは、CEIBSを差別化する最上級のコンテンツであると言えよう。

　個人的に最も印象深い授業は、コンサルプロジェクト型授業であるIntegrated Strategy Project。クライアント企業から持ち込まれた課題を、CEIBS学生5人から構成されたチームがさまざまな問題解決フレームワークを用いて解決していくというものだ。

　僕のチームは某オイルメジャーの新規事業戦略分析を行うこととなった。本プロジェクトのリーダーを務めた僕は、まさに全身全霊プロジェクトに没頭した。一筋縄ではいかない多国籍チームをまとめつつ、愚直にファクトを積み上げた分析を行い、時には徹夜も厭わず、持てる力を出し切って最終案をクライアントに提示した。

　MBAで学んだスキルを総動員し、全力を尽くして取り組んだこのプロジェクトを通して得たもの、それは「エネルギー業界への志望の明確化」であった。

努力実って最高の評価を獲得！［自信を得たエピソード］

　僕には「学校中の誰よりも勉強した」という自負がある。1年目の一番忙しい時期などは、毎日夜明け頃まで校舎の空き教室で勉強した。

　しかし、時には英語の拙さにより歯痒い思いをしたこともあった。自分の努力が成績に反映されなくて、悔しい思いをしたこともあった。

その分だけ、MBA生活最後に貰った勲章は僕にとって宝物だ。2年間の奮闘の結果、卒業時に "Outstanding Student Award" という、全生徒の5％にしか与えられない賞を受賞することができたのである。
　優秀な同級生との真剣勝負の中で、最高の評価を勝ち取ることができたことによって、ようやく自分もグローバルな舞台で活躍できるレベルに一歩近づいたかな、という自信を得ることができた。

楽しいイベントが一杯 ［ここが自慢！］

　CEIBSの自慢、それはイベント類が非常に充実していることだ。毎週のようにパーティーがあり、それに対する情熱も半端ではない。
　中国・韓国・スペイン出身の同級生たちとバンドを結成したことは、MBA生活中最高の思い出だ。僕は音楽経験ゼロなのだが、カラオケで鍛えた喉を武器にボーカルとして参加した。忙しい試験勉強の合間に練習を重ねるのも楽しかったが、それ以上に本番でのパフォーマンスは痺れるほどエキサイティングだった。クルーズ船上で開催された上海ナイトや新年会、コリアンナイト等のイベントで、思い切り素人芸を披露させていただいた。

可能な限り中国語漬けの生活 ［語学学習］

　中国語学習に関しては、文字通り「やれることはすべて」やった。学校提供の授業はもちろん、個人でも語学教室に通った。特に長期休暇中は集中的に勉強し、週6日・1日最大8時間レッスンを受けたこともあった（先生には大層嫌がられた）。時間があれば中国語の漫画・動画にかじりついたし、漢字の書き取り訓練も手首が腱鞘炎になるくらい行った。生活費を抑えるために入った学生寮では中国人同級生と同室になり、

クラスメートや先生に言われた
印象に残っている一言

「日本人は皆、君みたいなのか？　君ほど話しやすい人はいない」
「この学校にいる20人の韓国人は皆君のことが好きだ」
　それぞれ中国人・韓国人同級生に言われたことだ。国同士の関係とはまったく別の次元で友情を築けたことは、僕の細やかな自慢である。

CEIBS最大級のパーティー「コリアンナイト」でのバンドパフォーマンス

まさに家族同然の付き合いをしてもらった。彼との夜を徹した語り合いを通じて、リアルな中国の姿を知ることができた。

休暇には中国各地を旅行 [学外の活動]

　上海は中国各地を訪ねるのに最適の場所だ。僕が週末・長期休暇中に格安の国内線や高速鉄道を使って行った都市の数は2年間で約20カ所。数々の素晴らしい景色と美味しい食事、そして腹立たしくも思わず笑ってしまうようなハプニングに巡り合った。特にMBA最終旅行、青蔵鉄道を24時間乗った末に辿り着いたチベット・ラサの透き通る青空と瑞々しい空気の匂いは、今も僕の脳裏に深く焼きついている。

業界も国もまたぐ転職は難。同級生の人脈が奏功 [就職活動]

　2013年4月に卒業を控えた前年8月頃から、「金融×エネルギー×海外」というキーワードで就職活動を開始した。

　大陸中国・香港・シンガポールでの就職を目指したものの、予想通り苦戦。20〜30社にレジュメを送ったものの、面接にすら呼ばれない。やはり業界と勤務場所、両方を跨いだ転職のハードルは高い。

　現実路線に転向し、日本をターゲットとした転職活動を開始したのが2013年2月。時折、日本に一時帰国しては面接を受けた。しかし未経験の業種への転職活動は簡単ではない。卒業を数日前に控えた2013年4月、同級生から一本のメールを受け取る。

　「CEIBSアルムナイの元同僚が日本人MBAホルダーを探している。面接を受けてみないか」

中欧国際工商学院（CEIBS）

偶然にも、そのポジションは僕の志望していたエネルギー投資分野。選考はトントン拍子に進み、あっという間にオファーを貰った。レジュメ提出からわずか 10 日間のスピード決着だった。

想像もできなかった未来へ ［総括］

CEIBS で MBA を取ってよかったこと、それは「自分の進みたい道を明確化できた」こと、そして「MBA ホルダーでなければ届かなかった機会を掴むことができた」ということに尽きる。エネルギーという思いもよらない分野に魅了されたのも、語学力・ビジネススキル・ハングリー精神を持った MBA 生を求める企業と巡り合えたのも、CEIBS での 2 年間の経験があったからこそである。

残念ながら、未だ海外勤務は達成できておらず、せっかく鍛えた中国語を使う機会もない。しかしながら、業務の大半は英語で行っており、東京オフィスにいながら世界各国の同僚たちと日々協働している。今後ビジネスの中心地が日本以外に移った際には、海外で働くチャンスも出てくるはずである。

「会社を辞める」というあの日の決断は、僕の人生を大きく変えていった。そしてその決断があったからこそ、数年前では想像もつかなかった位置に自分を導くことができたと信じている。

未来のアジア MBA 生への応援メッセージ

"Just follow your heart."

中国有数のエコノミストであり、CEIBS で最も著名な教授である許小年氏の言葉である。

所詮未来のことは誰にもわからないし、人生に唯一の正解などないのだから、自分が選んだ道を進めばいい。どんな結果になろうとも、自分で決めた道に対して、後悔の念など浮かんでこないのだから。

スケジュール

	1年目				2年目	
	秋 (8-12)	冬 (1-3)	春 (4-7)	夏休み	秋 (9-12)	冬 (1-4)
(取得コース数)						
Core courses	7	8	3			1
Elective courses			2			
交換留学					7	
(時間配分)						
授業	75%	60%	35%		45%	5%
クラブ活動	5%	5%	5%			
語学	5%	10%	10%	15%	20%	35%
インターン				70%		
旅行	5%	5%	5%	5%	5%	5%
コンサル PJ		10%	30%			
ジャパントリップ			5%			
ビジネスコンテスト	5%					
就職活動		5%	5%	5%	25%	50%
ブログ執筆	5%	5%	5%	5%	5%	5%

留学費用の内訳

	現地通貨（万元）	為替	円換算（万円）
学費	29.8	13	387.4
住居費	2.1	13	27.3
生活費	12.6	13	163.8
現地語学費	2.1	13	27.3
交換留学費用			70.0
旅行	5.0	13	65.0
就活	1.0	13	13.0
合計	**52.6**		**753.8**

※ビジネススクールより奨学金（Merit-Based Scholarship）156万円、他は自己資金で負担

中山大学嶺南（大学）学院
Sun Yat-sen University Lingnan (University) College

菊地 敬	Takashi Kikuchi
入学／卒業	2008年入学／2010年6月卒業
入学時年齢	33歳
留学前学歴	二松学舎大学国際政治経済学部卒業（専攻：国際金融論）
職歴	現職：上場物流企業（上海現地法人に出向）
	前職：外資系認証機関　営業本部（MBA後）
	上場電子部品メーカー　海外事業室（MBA前）
留学方法	私費、家族（日本人家内・幼稚園児）帯同
海外経験	学部在籍時：台湾で語学留学＋日本語教師
	在職時：欧米等16ヶ国へ36回出張、香港に駐在2年間、現在上海駐在3年目

キャリアパスの中で中山大学嶺南学院MBAを選択 [選んだ理由]

　私にとって、中国でのMBA取得は自然ななりゆきだった。学部生時代に留学で北京語を習得し、また留学直前は香港で駐在員として勤務していた。電子業界で得た経験から卒業後のキャリアを考えて、製造業が集積しているアジア地域をMBAの進学先に選択した。

　最終的に中山大学嶺南学院を選んだ理由は、同校のMBAプログラムが米国MIT（マサチューセッツ工科大学）スローン校との提携MBA課程であり、一定の教学レベルがあったことが大きい。それ以外に、学費・生活費が安価な点、当時生活していた香港と生活環境が近い点、また政情不安時に家族を陸路で香港まで送り届けることができる点も考慮した。

留学決心から短期間での受験・入学許可取得 [入学までの苦労]

　受験勉強をする時間すらないほど、受験の決断はデッドライン間際だった。留学を意識し始めたのは、2007年9月に嶺南学院に立ち寄ってからだ。翌10月に嶺南学院MBAに在籍中の日本人留学生に話を聞く機会を得て、さらに関心を深めた。だが、仕事・家族・資金の面からなかなか決断できなかった。そんな私が決断した理由は、人生の時間軸を考えたからだ。当時33歳で、卒業時には35歳となる。35歳は日系

企業が一般的な転職人材を受け入れる最後の年齢だ。また翌年の入学になると私の留学期間が子どもの小学校入学と重なる。決意を固めて2008年1月に家内に相談したところ、内心不安であっただろうが快く同意してくれた。こうして同年9月の入学を目指した受験準備に取り掛かることとなった。

　私の受験準備は2つ。学校側への受験要件の緩和要請と、在職していた会社に対する留学支援の交渉だ。学校側への働きかけは職務経験を考慮してもらい、GMATやTOEFLのテストを免除してもらえることになった。複数回のキャンパスビジットが奏功した。一方で会社との交渉は進まなかった。私のみに特例を与えることができないという理由から、会社からの支援は取りつけることができなかった。最終的に5月下旬に面接を実施、その翌日には合格通知を得ることとなり、会社を退職した上で私費でのMBA留学を行う道筋が定まった。

学内居住の家族向けの生活環境　[学校生活]

　私にとってのMBA生活準備の要点は、家族向けの生活環境づくりだった。学校側にかけ合って大学教員の家族向け宿舎を住居として手配し、中山大学付属幼稚園に子供の籍を確保した。キャンパス内の教職員居住区は治安もよく、また中国とは思えないほど高いモラルが維持されている。子供の遊ばせ方が悪いと見ず知らずのご老人に注意をされたこともあった。子供を連れて学内にある博物館や竹林に散歩に出かけることもあった。しかし、授業が始まると家族のケアがまったくできなくなってしまった。家族の協力なしでは今の私は存在しえない。

リアルな現実を踏まえた授業の数々　[印象的な授業]

　さすがは中国という意味で驚いた授業は多い。たとえば、キーアカウントマネジメントの授業1コマの大半は、ワイロにまつわる話だった。金額の桁数に応じて受け取ってもらえる渡し方、といった話も雑談程度だがあった。職業倫理を重んじるMBAでは信じられない内容で、欧州人の留学生は全員が授業中に退席した。その講師の真意は中国でビジネスをする上でワイロは欠かせない商習慣だというメッセージである。また、技術起業をテーマにしたケーススタディでは、革新的な技術で世界の常識を変革しようとしているアジア人起業家を取り扱った。しかし授

業の結末は、なんとその発表内容がすべて嘘だったというもの。アジアだけではないかもしれないが、ビジネスに詐欺はつきものということを教えられた。

一方で、今でも研究を続けている授業での教えもある。オペレーションマネジメントの授業で、生産改善を子供向けブロックで学べるというものだ。講師の指示通りブロックを組み立てて飛行機をつくるだけで、5S、タクトタイム、後工程引き取り等が体感できる。私は出身大学等でボランティア講師を引き受けることがあるが、この内容を折り紙で実現して講演に使えないかと研究している。

イベント企画で中国人理解を深める［クラスメートとの思い出］

授業活動のみならずMBA学生会活動を通して多くの級友と交流した。生徒会部門の国際部の部長として、海外関連のイベントを数多く企画した。共同企画を中国人学生とするのだが、入学時の平均年齢が27歳と私より6つも若い。年齢のせいもあるが、日本人の感覚からすると、中国人MBA学生は他人との共同作業が上手ではない。全MBA生を対象としたパーティーでは開催2日前に司会予定者が内輪もめでやめてしまうこともあった。そういった中国人MBA生との交流は、現在中国の職場で大きく活かされている。顧客や中国人部下と私の間では、国籍・世代は異なるものの、気持ちを容易に理解することができている。

交換留学を通した中国人学生のキャリア展開［交換留学］

留学期間中に私は半年間ドイツに交換留学に出かけた。入学前に出張渡航で米国・アジア各国へは頻繁に行ったが欧州は少なかったため苦手感があり、それを解消することが目的だ。渡航中は家族を日本へ一時帰国させた。中国人級友の中で国際志向が強い学生にとって、この交換留学は非常に大きなチャンスと捉えられている。交換留学の経験が中国帰国後の欧米系企業への就職に非常に有利になるのだ。交換留学期間中に渡航先で就職先を決めてしまうツワモノまでいる。

スポンサーからの支援で賄われる学校施設・活動［ここが自慢！］

中山大学嶺南学院の自慢は特殊な成立背景に起因する学校施設・校風である。1888年にアメリカのキリスト教徒が設立した大学を母体とし

副学長による白熱授業。Organizational Processの授業風景。教員の女性比率が高いのも中国ならではです

ており、緑あふれる広大な敷地の中に設立当初からの建物が点在している。卒業生の多くは嶺南学院で高等教育を修めた後、海外に移住して活躍しており、学校施設の大半は彼らからの寄付で賄われている。

　このような特殊性は校風にも表れている。たとえば、学生主催の学内活動には学校側は一切資金を供給しない。企画した学生自身がスポンサー探しから始める必要がある。ブートキャンプ方式の新入生オリエンテーションも、すべて先輩学生により学校からの資金支援なしで運営される。こういった校風から、したたかな中国南方のビジネス思考が学生の中に叩き込まれる。

短期間に面接22社！　就活はどぶ板方式で ［就職活動］

　就職活動は私費留学生の私にとって、MBA生活の集大成であった。卒業後は家族のために帰国を考えていたため、日本での就職を目指した。実施期間は2010年3月～6月初旬と短期間ではあったが、163社に応募書類を提出、2回の日本渡航で22社の面接をこなした。日本企業にはMBA新卒という枠はほとんどないため、アジア地域向けビジネス要員の中途採用に応募した。最終的には欧州資本の技術認証機関に職を得ることとなった。

　日系企業で勤務をする場合、アジアMBA卒業直後にキャリアが伸びることはまずないと考えた方がいい。アジアMBAはニッチであるため、活かせるポジションを持つ会社が少ないためである。卒業後3年前後からキャリアが伸びる可能性があるくらいだと考えるのが妥当であろう。

級友との出会いが一番の成果 ［総括］

　留学を振り返って、まず自身の反省として、留学地と勤務地が異なることで級友と交流する機会が少なくなる点を挙げたい。MBA 留学の大きなメリットである級友とのつながりは、留学地で勤務をすることで最大限活用できる。キャリアプランのみならず、卒業後の勤務地を意識した留学地の選定をすべきであった。

　しかしながら、当初の目標は達成できた留学であった。入学前に渇望した海外事業運営で必要な能力の獲得を、語学力向上も含めて充分成し得ることができた。また、すばらしい級友たちとの出会いは、入学前の期待をはるかに上回るものである。年に 1 回ほどだが級友に会いに広州まで足を伸ばす。滞在期間中、食事は多くの級友が入れ替わりで付き合ってくれる。会話は近況報告から始まるが、多くの場合 MBA 生時代の昔話が展開される。級友たちとの思い出があまりに懐かしくなり、思わず目頭が熱くなることもある。

　誤解を恐れずに言うと、私は MBA 留学を「青春を買うこと」と定義している。労力・時間・資金、私の場合はそれに加えて家族の協力があって、初めて勝ち得ることができたものである。

未来のアジア MBA 生への応援メッセージ

「勉強することは素晴らしいことだ！」

　この言葉は MBA ホルダーだった台湾人の友人から得たもので、私が MBA へ興味を持つことになったきっかけである。この言葉から私も素直に何かを学びたいと考え、MBA を修了することとなった。皆様にはぜひ肩肘を張らずに、気軽に MBA に挑戦してほしい。アジアの MBA は欧米に比べると日本からの距離・金銭面で障壁は低いが、得るものは非常に多い。皆様のキャリアプランとして、アジア MBA を加えることをお勧めする。

スケジュール

	1年目			2年目	
	1学期 (9-1)	2学期 (2-6)	夏休み	1学期 (9-1)	2学期 (2-6)
(取得コース数)					
Core courses	6	8	1		
Elective courses		2		6	
交換留学				ドイツ	
(時間配分)					
授業	70%	75%	5%	50%	
学生会活動	20%	10%			
インターン			60%		
旅行			5%	10%	
コンサルPJ	10%				
就職活動			5%	20%	50%
卒業論文			5%	10%	40%
ネットワーキング		10%	10%	10%	5%
家族との時間		5%	10%		5%

留学費用の内訳

	現地通貨（万元）	為替	円換算（万円）
学費	12.0	13	156.0
住居費	8.7	13	113.1
生活費	12.0	13	156.0
子供幼稚園費	2.9	13	37.7
医療保険			60.0
渡航・帰国費用	2.0	13	26.0
引っ越し費用	1.0	13	13.0
合計	**38.6**		**561.8**

※すべて自己資金で負担

MBA後、現地で就職
[中国大陸編]

長江商学院MBA卒業生 **大内 昭典**

高校生の頃から海外で活躍する日本人に憧れていました。世界で勝負できる専門性と英語力を身につけることをめざし、大学在学中に公認会計士試験（旧第2次試験）に合格し、大学卒業後は外資系証券会社に勤務。3年後にMBA留学することを計画しました。

リーマンショックの直前、事業環境が急速に悪化したので、留学準備を兼ねて、起業家の経営支援を行うベンチャー企業にいったん転職。ここで起業家たちの開拓者精神と凄まじい胆力に感化され、私自身も成長が期待されるビジネスを自ら開拓していきたい衝動に駆られていきました。そして当時、リーマン・ショック直後で世界経済が大きく落ち込んでいた中、4兆元の大型景気対策によりいち早く景気回復した中国に注目。中国とはそれまで一切関わりがなく、中国語もまったく話せませんでしたが、中国MBAを経て中国ビジネスに挑戦することを決意しました。

留学先として選んだのは日本では無名の北京にある長江商学院。アジアNo.1の富豪、香港実業家の李嘉誠氏が設立した民営の新興ビジネススクールです。起業家精神あふれるノリが自分に合っており、中国大陸で7,000名を超える有力な起業家や中国企業の経営陣を中心に構成される卒業生人脈は卒業後の中国ビジネスに活かせると考えました。

Akinori Ouchi

入学／卒業　2011 年 10 月卒業
入学時年齢　29 歳
留学前学歴　横浜国立大学経営学部会計・情報学科（専攻：管理会計）
職歴　　　　現職：欧力士（中国）投資有限公司 経営企画部（オリックス中国本社）
　　　　　　前職：ソーシャルワイヤー株式会社インキュベーション事業部／日興シティグループ証券株式会社 投資銀行本部（現 シティグループ証券株式会社）
留学方法　　私費、単身
海外経験　　MBA 前, 学部在籍時：短期語学留学（ニュージーランド・クライストチャーチ 5 週間）
　　　　　　在職時：シティグループのニューヨーク本社で新人研修（5 週間）

中国勤務をめざし語学の特訓

「開拓者精神」に拘っていた私にとって、わずか 1 年間の留学で日本に帰ることは留学の意図に反するものでした。また最低 3～5 年は日本を離れて海外で留学や仕事をしないと自分の成長につながらないと考え、日本に帰らずに現地で就職することを決めました。

MBA が 1 年間と短かったため、就職活動は卒業後に本格的に行いました。当初は日本採用・即中国駐在のポジションを狙い、中国展開を加速させているネットベンチャーや消費財・サービス企業、中国と関係するプライベートエクイティファンド等、自分のキャリアと中国 MBA の組み合わせが活かせるポジションに応募しました。しかし、日本勤務の海外事業担当というポジションのオファーは出るものの、中国勤務のポジションは中国語力の不足や中国での就業経験がないため、どこからもオファーはいただけませんでした。

ここで諦めて日本に帰りたくはなかったので、半年は中国語の特訓に当てつつ就職活動する作戦に切り替えました。年明けから中

国語の私立学校に通い、3月から対外経済貿易大学のビジネス中国語コースに入り、毎日10時間ほど中国語の学習に集中。並行して就職活動を続ける中、オリックスが中国勤務の中国事業開発・投資業務のポジションを募集しているのを見つけました。「これだ！」と思い、その部署で勤務する中国人の方を友人から紹介してもらい、仕事内容を聞いた後すぐに応募。まさに希望通りのポジションで内定をいただくことができました。

熱気にみちた中国ビジネスの最前線で

現在、私は北京で主に事業投資に従事しています。オリックスの中華圏事業投資は中国本社設立（2010年）以降本格化し、大連海昌（観光・不動産事業）、中国水務集団（水処理事業）、合弁自動車リース会社等への出資に見られるように、オリックスと事業シナジーがあり、今後中国で高成長が期待できる企業への戦略投資を中心に展開しています。

投資チームは私以外全員中国人で構成され、中国語でのビジネスが中心のため、私にとっては厳しい環境ではありますが、中国企業が相手となる商売において、中国人中心の経営陣及び優秀な投資プロフェッショナルは案件組成能力、機動力、交渉力が非常に高く、日本人だけでは到底入り込めないような現地有力企業との大きなビジネスを経験でき、とても刺激的な毎日です。また、数多くの日系企業が中国に進出し奮闘する中、その最前線で仕事ができることにとてもやりがいを感じています。

現地就職のメリットは？

2011年10月に卒業後、既に2年半以上が経過しましたが、クラスメートの約1/3は北京、約1/3は上海、残りは広東、深セン、香港等で仕事をしており、まさに中国の主要都市に行くと必ずクラスメートに会え、近況や最新ビジネス動向を話し合っています。

また、仕事でわからないことがあれば、各業界の有力企業に勤務するクラスメートに直接質問して解決できるのは現地就職ならではのメリットです。

また、長江商学院は「ファミリーカルチャー（家文化）」を大事にし、卒業後のネットワーキングや生涯学習にも力を入れており、卒業生懇親会、有力なビジネスパーソンによる講演会、最新ビジネス動向に関する公開講座等、毎月 1 度以上は卒業生が参加できるイベントが開催され、新しい出会いと学びが頻繁にあります。これに参加することができるのも現地就職ならではのメリットと言えるでしょう。

中国へ MBA 留学することで、高校卒業時の文集で宣誓した「海外で活躍する」という目標を実現することができました。さらに、多くの起業家から学ばせていただいた「開拓者精神」を大事にし、海外ビジネスへの挑戦に加え、社会活動を通して社会に貢献する意識が芽生えました。

特に MBA 留学中に仲間とともにゼロから立ち上げた「チャイナ MBA マネジメント協会」とソーシャルプロジェクト「Billion Beats　日本人が見つけた 13 億分の 1 の中国人ストーリー」の活動は、私のライフワークになりました。このような社会活動を通して出会った方々は異なる国籍、職業、多様な価値観をお持ちの魅力的な方が多く、大いに刺激を受けています。

アジア MBA への留学と現地就職という選択肢を取ったことで、私は目標だった海外で仕事ができることにとてもやりがいを感じていますし、多様な人たちとの出会いもあり、ワクワクする毎日を送っています。まだまだ未開拓な分野が多いアジアは、未来の世代が牽引できる可能性を大いに秘めています。私たちが主役になり、ともにアジアの未来を創造していきましょう！

香港中文大学 (CUHK)

Chinese University of Hong Kong

石田　宏樹 Hiroki Ishida

入学／卒業	2010年9月入学／2011年12月卒業
入学時年齢	29歳
留学前学歴	神戸大学経営学部卒業（専攻：管理会計）
職歴	MBA後：Asia Africa Investment & Consulting Pte. Ltd.／株式会社パンアジアパートナーズ（2013年3月〜）アクセンチュア株式会社経営コンサルティング本部（2012年1月〜2013年2月）MBA前：三菱UFJ信託銀行株式会社（03年4月〜10年5月）
留学方法	私費、単身
海外経験	MBA以前はなし
TOEFL	Total 86
GMAT	580

世界中から優秀な人材が集まる香港へ ［選んだ理由］

　2008年12月、留学経験も海外勤務経験もないまま28歳の誕生日を迎えた私は「そろそろ海外に出ないとな」と考えていた。近所の本屋で留学関連の棚を眺めていたところ、中国のMBAに関して書かれた本が目に留まった。当時は銀行の人事で研修を担当してやりがいも感じており、天職とも思っていた。だが、日系企業のアジア新興国進出はもとより、中国企業による日系企業の買収もそれほど珍しくなくなってきた中、銀行員としてもアジア、特に中国に関わる機会を探していた。その本で紹介されていた方に会いに行ったことが、留学への第一歩となった。

　香港はアジアの中心であり、かつビジネスにおいては中国への足掛かりとして進出する企業も多い。また、調べていくと香港の大学は日本での知名度は決して高くないが、国際的には評価されている。特に香港中文大学（以下CUHK）はアジアで最も歴史のあるMBAであり、中国に関する研究は随一、また中国本土に1,000人以上の卒業生から成るネットワークが存在する。中国に強い興味はありながらもアジア全体を広く見たいと考えていた私にはとても魅力的な学校だった。

仕事との両立ができるのは、長くても2年［入学までの苦労］

　入学当時から「いつか必要になるかもしれない」と英語の駅前留学を細く長く続けていた。しかし、まったく準備せずに臨んだ初めてのTOEFLは36点！（アメリカの大学留学でも最低61点以上は必要）　かなり落ち込んだスタートだった。

　2008年の12月から勉強を始め、最終的に2010年3月に合格通知をもらうまで約1年と3ヶ月。その間は基本的に平日の夜に1時間、土曜日に半日の授業を受け日曜日にも補講、もしくは自宅で勉強を続けた。当初の予定ではTOEFLに半年、GMATに半年、残りをエッセーにと考えていたが、結局TOEFLも含めて合格通知を受け取るまでやっていた。点が伸びない焦りから、後半は寝るときも英語のニュースを流し続けていた。社費留学ではなかったので会社に相談するわけにもいかず、もう1年続けることは体力的にも精神的にも無理だったと思う。

各国MBAへの交換留学も含む16ヶ月［プログラム］

　CUHKのMBAは16ヶ月のプログラム。プレが8月に始まり、翌年の6月までは香港で授業を受ける。夏休みを挟み、10月から交換留学先で最後の学期を過ごす（交換留学なしで1年間CUHKで学び、短期間で卒業することも可能）。

　4つの重点領域があり、ファイナンス、マーケティング、アントレプレナーシップ、中国ビジネスから最大2つを選択し、個人の興味に応じたカリキュラムを作成する。CUHKが強みを持っているファイナンス、それから香港という土地柄から中国ビジネスの2つの専攻が多い。

　交換留学については40を超える世界各国のMBAと提携しているが、各校の定員を超えた場合は基本的に成績が上位の生徒から選抜される。特にシカゴ大学、ロンドンビジネススクールは競争率が高い。中国本土の清華大学（習近平の母校）や北京大学とも交流が深く、私のように中国に強い興味がある人間は本土に入る。

クラスメートと密に時間を共有［クラスメートとの思い出］

　15ヶ国から集まった90名以上のクラスメートとは相当な時間を共有した。大学の寮に住んだのだが、クラスメートの半数以上が寮住まいで同じフロアの一画には私以外に4人のMBA生がいた。隣からインド

人、ドイツ人、またインド人、そして向かいにパキスタン人。特に隣人のNikとは仲良くなり、最高に美味いカレーとチキンスープをよくご馳走になった。ただしインド人の夕食は遅く、いつも夜11時や12時だった……。

　また部屋飲みや誕生日会、各国のお祝いの日の集まり等にも声をかけてもらい参加していたが、入学当初はクラスメートの雑談をまったく理解できずかなりつらかった。それでも積極的に顔を出すことで、少しずつ分かるようになった。

これからのビジネス界を象徴する国籍構成 [ここが自慢！]
　CUHKのMBAの魅力はクラスメートの多様性にある。ただ国籍が多いだけではなく、アジアの2大大国である中国、インドを中心にアジア系で過半を占める一方、これまで経済を牽引してきたアメリカやドイツといった欧米勢もいる。そこにまだまだマイノリティだが中南米やアフリカからも加わる。そしてすべての授業でグループワークが必須とされており、自分次第で大半の学生と接することができるのだ。

思いがけず立候補することになった学生会選挙 [自信を得たエピソード]
　オリエンテーションが終わって数日後に学生会の選挙があった。立候補した、もしくは推薦された学生が任意でスピーチをして投票で決める。リストを眺めていると会計担当に私の名前があって驚いた。前職で私が銀行員をしていたのを知っていた誰かが何となく書いたのだろう。辞退もできたが「ここでやらなければ会社を辞めた意味がない」と自分を追い込んで3分の原稿を用意した。

　結果、それなりにウケてなんと当選。他の候補者2人の英語は私と比較するのも申し訳ないくらいうまかったので、「言語だけではないのだな」と実感した。以降、オランダ人の元弁護士を生徒会長とした5国籍から成る6人チームで毎週ミーティングを重ねて1年間、MBAプログラムを改善するための活動に取り組んだ。選挙を含め、極めて貴重な体験だった。

こたえたプレゼンテーションのフィードバック [辛かったエピソード]
　授業にも慣れてきた2学期のとあるクラスの最終プレゼンテーション。

学生会の選挙スピーチ

　グループ発表ではあったが、プレゼンターごとにクラスメート全員が採点する形式だった。私は英語にはまだ不安を覚えていたが、前職の人事部時代にはプレゼンをそれなりにやっていたので自信を持っていた。

　後日、クラスメートの手書きのコメントが教授から送られてきた。良い点数とコメントを付けてくれた学生もいたが、ある紙で手が止まった。10点満点中、2点。コメントを読んでみると、「何を言っているかさっぱりわからない」と書かれていた。相当こたえた。

　その日からフィードバックの紙を寮の壁に貼って、毎日目に入るようにした。初めのうちはきついものがあったが、これを励みに最後まで気を抜くことなく頑張れた。こういうモチベーションは日本ではなかなか得られないだろう。

極めて厳しかった現地での就職　[就職活動]

　インターンシップも含めると香港・中国本土に拠点を持つ企業、約30社に履歴書や志望理由を送り、現地のヘッドハンターとも積極的に会った。しかし結果は散々。数社は本社からの電話面接があったがそこまで。書類選考で落ちた物流グローバル企業のHRマネジャーと話す機会があったので直接聞いてみると、率直にこう言われた。「特に中国人やインド人は探しているが、正直、日本人を採用するメリットはない。あなたがキャリアや言語で他の学生より秀でていれば別だが、ビジネスで英語を使った経験がなく、中国語も日常会話レベルではとても無理。三菱は聞いたことはあるが、日本の銀行のことはよくわからない」

　留学前は国籍関係なくどこでも仕事ができることを目指して日本を出

たが、過去7年間のキャリアがそれほど評価されず、また語学のレベルにも引っ張られる状況で仕事に就くよりは、日本を軸に仕事を探す方がよいと判断した。照準を日系企業および外資企業の日本オフィスに変えた結果、銀行の経験に加えて香港MBAの経験が評価され、ありがたいことに多くの企業からお話をいただいた。

自分の目指す方向にキャリアを進めることができた［総括］

　現在は、日系企業の新興国ビジネスに関するコンサルティングおよび投資事業に携わっている。前職の仕事もやりがいがあったが、今の日本の状況を考えると新興国の成長を支援することが日本にとっても重要と考えている。そのために英語でコミュニケーションがとれることは最低限必要であり、MBAの経験があったからこそ今の会社に出会えた。

　一方、MBAはしばしば「実務経験の損失」や「知識は本で学べる」といった点で否定的に捉えられることがある。実際に経験をして、確かにそういうことを感じる場面もあったが、多国籍から成るメンバーでプロジェクトを進める経験は日本で誰しもが得られるものではない。足元の仕事でしっかり結果を出していくことが大事だとは思うが、5～7年に1度くらいは自分が進むべきと考える方向にキャリアを振ることがあってもよいのではないだろうか。

未来のアジアMBA生への応援メッセージ

　アジア諸国をはじめとした新興国は、日本の関与に関係なく成長を続けていくだろう。ただ、どんな成長を遂げるかということには、日本が影響を与え得る。

　また、アジアから少し逸れるが、今の仕事でアフリカに関わる機会を与えてもらった。そこで感じたことは、アフリカで起こっている水、食糧、資源、治安の問題はアフリカだけのものではなく、日本を含めた世界の問題でもあることだ。もはやアフリカですら「遠いので関係ない」と言っていられない中、アジアは尚更である。

　MBAを目指す目的は個々人で異なるだろうが、これからアジアMBAで学びネットワークを築いた人材がさまざまな場面で活躍してくるだろう。

スケジュール

	1年目				2年目
	秋 (9-11)	冬 (12-2)	春 (3-6)	夏休み	秋 (10-12)
(取得コース数)					
Core courses	5	3	1		
Elective courses		2	4		5
交換留学					清華大学
(時間配分)					
授業	70%	65%	60%		50%
クラブ活動	10%	5%	5%		
語学 (中国語)	20%	20%	20%	10%	25%
インターン				80%	
旅行					5%
ビジネスコンテスト			5%		
就職活動		10%	10%	10%	20%

留学費用の内訳

	現地通貨 (HKD)	為替	円換算 (万円)
学費	36.0	13.42	483.1
住居費①	3.6	13.42	48.3
住居費②	3.2	13.42	42.9
生活費	14.4	13.42	193.2
語学会費	6.0	13.42	80.5
旅行	1.0	13.42	13.4
就職活動	5.0	13.42	67.1
合計	**69.2**		**928.7**

※奨学金約 260 万円、親からの借入 400 万円

香港科技大学 (HKUST)

The Hong Kong University of Science & Technology

	大前　敬祥 Takayoshi Omae
入学／卒業	2008年入学／2010年卒業
入学時年齢	31歳
留学前学歴	筑波大学第三学群国際総合学類卒業（専攻：国際関係）
職歴	MBA後：NTTコミュニケーションズ（インド）南インド支店長
	MBA前：NTTコミュニケーションズ（上海事務所）マーケティングディレクター
留学方法	社費、既婚、子供有
海外経験	筑波大学から米国コロラド州立大学ボルダー校へ交換留学、NTTコミュニケーションズにて中国勤務、インド勤務

21世紀はアジアの世紀。差別化視点で学校選び ［選んだ理由］

　MBA取得の投資に対する最大のリターンを考えた場合、「差別化」が重要と考えた。日本人のMBAホルダーのほとんどが欧米のスクール出身者が多く、そことの差別化を図るのが良いと考えた。

　自身のキャリアの大部分は中華圏で形成されており、その現場経験から21世紀はアジアの世紀であるという確信があった。よって「差別化」と「自身のキャリア」という2点から、アジアのビジネススクールに行くことが最良解だろうという結論に達した。

　アジアのスクールのうち、中国大陸またはインドのトップ校への進学はあまりにも強くその国のカラーが付いてしまうため、自身の「アジアMBA」という視座からずれると感じた。そうした結果、アジアで数少ないグローバルレベルのスクールの中でアジアNo.1という評価があるHKUSTが選択肢となった。

短い準備期間、自己流でクリア ［入学までの苦労］

　2007年7月末に社費留学候補となり、受験準備はそこから半年の期間でやることとなったため、非常に準備期間が短かった。当時上海に駐在員として赴任しており、仕事における責任も本邦勤務よりはるかに高

く、また頻繁に出張を伴う状況であったため、まとまって受験準備することができなかった。

情報収集はインターネットに頼るしかなかったが、いわゆる MBA 受験予備校というものは利用できず、基本は輸入図書を購入しての GMAT ／ TOEFL を独学で行った。特に、TOEFL は中国大陸では受験のチャンスがほとんどなく（中国人による TOEFL 熱が高く、主に学部生向けだと思われるが受験の枠が向こう半年取れなかった）、結果的に香港まで TOEFL を受験するためだけに往復せざるを得なかった。ただし、その際に香港の友人の案内で HKUST のキャンパスに行けたことはモチベーションを高める良い刺激になった。

最終的には 12 月の 1st ラウンドで出願したが、エッセイ添削やネイティブチェックもなく、自己流でのチャレンジだった。

アジアのビジネスリーダー育成をめざす少人数授業 [印象的な授業①]

香港での最後の学期の少人数の授業 "Leadership in Asia"。GIFT 創始者のチャンドラン・ネアー氏によるディスカッションを中心とした授業で、主に世界の諸問題の解決を考えるフレームワークを学びながらアジアにおけるビジネスリーダー予備軍を創り上げようとする、極めてユニークなものだった。

世界でまさに今起きている出来事をチャンドラン氏のハイレベルなナビゲーションの下でクラスメートらと議論できたことは、本当に素晴らしい時間だった。受講していない他のクラスメートにもぜひ聴講するよう説得し、チャンドラン氏の了解をもらってエキストラにセッションを作ってもらったほどだ。HKUST で受けた中で、最も個人的に大切なものを学べた気がする。

中国消費者向けのブランディングを学ぶ [印象的な授業②]

"Building Powerful Brand in China" は、元ペプシコ・アジア社長のロン・マッキーチャン氏による、中国における消費者向けブランドづくりに関するクラス。受講生は非常に多かった。実務経験に裏打ちされたクラス展開は非常にわかりやすく、成功だけでなく失敗も学びの要素として組み込まれており、とても実践的だった。

HKUST の一つの特徴は、ビジネス界の実務経験者やエグゼクティブ

が実際に教授としてクラスを担当していることだ。場合によっては現役のまま特定の期間の夜間だけクラスを開設している。これも香港というビジネス都市の強みであり、香港島の中心にサテライトキャンパスがあるHKUSTのメリットだと感じた。

学生会代表を務めたことで得た学び [クラスメートとの思い出]

　入学後オリエンテーションの終了後、MBA学生生徒会のセレクションがあり、結果的に代表を務めることになった。100人弱という小さなスクールなので元来まとまりが良いのだが、それでもコア科目は2クラスに分かれるし、学生側を代表してMBAオフィスとさまざまな交渉をしたり、HKUSTの特徴である交換留学のセレクション（皆が行きたい場所に行けるのではなく枠がある）にも大きな影響を与える大事なボランティアの役割だった。

　この仕事を通じて、授業やプライベートだけでなく多くのクラスメートと交流でき、仕事などの利害関係でつながるのとは異なり、フラットな関係でつながる組織の中で、どのように多様性のあるメンバーの意見をまとめて物事を推進していくのかを学ぶことができた。

卒業パーティーで3冠受賞 [自信を得たエピソード]

　香港で全員が集まるのは実は1年目の終わりが最後（交換留学などに出てしまう）のため、HKUSTでは1年目の5月末に早めのGraduation Dinnerが行われる。そのパーティーではいろいろな賞がクラス全員の投票で選ばれ授与される（「最もフレンドリーだった人賞」「最も頭のいい人賞」「最も授業中寝てた人賞」などなど）。そこで自分は、「最も成功するビジネスパーソン賞」「最も学業以外でMBAに貢献した賞」「最も声が大きかった（意見が多かった）賞」（これだけMBAオフィスからのセレクション）」の3冠をいただくことができた。

　世界トップクラスのMBAスクールのクラスメートを相手に必死で走り抜けた1年間を皆が見ていてくれたんだと知り、充実感と感謝の気持ちで胸が熱くなった。

自ら立ち上げたジャパンクラブ [ここが自慢！]

　HKUSTの自慢は「ジャパンクラブがあり、ジャパントリップがある

こと」。日本のプレゼンスを将来においても高めるためには、親日派を増やさないといけないという意識から、11月にジャパンクラブを立ち上げた。当初は勝手な集まりだったが、在香港の日系企業へスポンサーや支援を頼みながら、春休みにジャパントリップに行くことを目標とし、毎月の定例会（日本について学ぶセッション）を実施。結果としてクラスメートの半分がクラブに所属し、3分の1がジャパントリップに参加することになった。スポンサーも10万香港ドル以上を集めることができた。大学から公式クラブの認可も得て、以後ジャパンクラブは続いている。

学びを社会に還元するために［卒業後］

社費留学生であったため、インターンシップや就職活動は一切していない。その代わりに、帰国後ビジネススクールで得た知識、経験などをいかに社会へ還元できるのかを考えることが多かった。

今後のグローバルビジネス拡大の中、自分は特に新興国という、リスクが高く、かつそこでの事業を推進する人的リソースが不足していると思われるマーケットで貢献できるのではないかと考えた。そこで夏休みには東南アジア諸国へ足を向け、2ヶ月ほど現地の企業やNGO等で働く知人を訪ねて過ごした（タイ、カンボジア、ベトナム、マレーシア、シンガポール、インドネシア）。MBA後に自社のインド現地法人で支店長職を拝命し、この期間に各地を見て回った経験が活きることとなった。

ジャパントリップにて

自己評価は90点　得られた機会に感謝 [総括]

「MBAで経験を積み、それを新興国の現場で多様性のあるチームメンバを率いて経営者として成果を出したい！」という目標については、90点の自己評価を与えたい。そして機会をくれた会社には心から感謝している。HKUSTへ行っていなければ、自分の若さで経営職を担うチャンスはなかっただろう。インドでさまざまな困難や課題に面した際にも、ビジネススクールで学んだ知見を応用して成果につなげることができた。

どうしても一つ、あえて困ったことをあげなければならないとすれば、それは世界で勝負する意識レベルの高いメンバーと出会ったこと、そうした世界を見てしまうとコンフォートゾーンへ戻れなくなることかもしれない。

未来のアジアMBA生への応援メッセージ

すぐ近くのアジアには、皆さんと同じようにビジネスパーソンとしての自分を磨くために日々努力している仲間たちがたくさんいます。アジアに生きる一員として、これからのグローバルビジネスの中心地であるアジアを背負って立つために、ぜひ資本主義の士官学校と言われるビジネススクールへ挑戦してみてください。自分を追い込んで賭けたぶんだけ、必ず結果はついてきます。

クラスメートや先生に言われた
印象に残っている一言

ジャパンクラブ（前述）の集大成としてジャパントリップを実施したが、参加者（89人のクラスメート中27人参加！！）たちから「MBA生活で最もエキサイティングで思い出に残るイベントだった」「日本が大好きになった！ありがとう！」と言われたこと。

スケジュール

	1年目				2年目
	秋 (9-11)	冬 (12-2)	春 (3-5)	夏 (6-8)	秋 (10-12)
(取得コース数)					
Core courses	○	○			
Elective courses			○		○
交換留学					ESADE
(時間配分)					
授業	90%	70%	60%		40%
クラブ活動		15%	10%		
語学（スペイン語）					20%
フィールドスタディ				100%	30%
ジャパントリップ			15%		
ケースコンペ		5%			
生徒会	10%	10%	10%		
その他			5%		10%

Part-time MBA

香港科技大学 MBA 卒業生　**植原 英明**

私は日系メーカーの駐在員として広東省で3年、香港で6年弱ほど勤務していました。広東省で働いていた頃に MBA に関心を持ち、香港に移動してから意欲が強くなり受験、香港科技大学 (HKUST) の Part-time MBA で学びました。

香港は教育に熱心な場所で、社会人になってからでも勉強をする場所と機会に恵まれています。MBA も例外ではなく、香港の主要な大学はすべて Part-time MBA プログラムを有しており、私もその恩恵にあずかることができました。MBA で得られるものは他のページで触れられていますので、ここでは主に私の学んだ HKUST の Part-time MBA の特徴、Full-time MBA との違いについて紹介します。

Part-time MBA のメリット

MBA を目指す際に悩みの種になるコスト（授業料、生活費）と機会費用（MBA 留学をしなかった場合に得られたはずの収入等）が小さいのが Part-time MBA の一番のメリットでしょう。現地で働いている人が対象であるため、追加の生活コストはほぼゼロ。出銭は授業料だけで、それもフルタイムの授業料よりは若干安くなっています。

Uehara Hideaki
入学／卒業　2010年／2012年
入学時年齢　34歳
留学前学歴　明治学院大学卒業
職歴　　　　現職：株式会社スクウェア・エニックス・ホールディングス
　　　　　　　　　グループ経営推進部　マネージャー
　　　　　　前職：車載部品メーカー香港現地法人代表
留学方法　　私費
海外経験　　中国駐在3年、香港駐在5年半。香港駐在時に台湾、マレーシア、
　　　　　　タイ、ベトナム等への出張多数

働きながら通うため留学資金を貯める必要はなく、退職することもないので在学中や卒業後に焦って仕事を探す必要はありません。また学習したことをすぐに職場で実践でき、職場で起きたことや抱えている問題を授業のディスカッションに活かすこともできます。ビジネスの最前線で働き続けているのでキャリアにブランクができることもありません。

クラスメートは現地で働いている人なので、卒業後に離散してしまうことはありませんし、多くは多国籍企業や地元の有名企業で働いているので現地での強いネットワークが形成可能です。

Part-time MBA のデメリット

平日の夜や週末を授業やグループワーク、宿題に充てることになり、プライベートの時間が大幅に削られるため家族の理解が必要です。また労働時間が長い人は仕事と学校の時間配分に折り合いをつけるのに苦労しますし、出張が多い場合はクラスを休まざるを得なかったり、その結果追加の課題を課されたりすることもあります。職場の理解を得られないと厳しいタイムマネジメントを強いられることになるでしょう（最低でも授業の75％には出席しなければなりません）。

また授業が平日の夜と週末に行われるため（時間をコントロールできるなら平日昼の授業にも参加できます）、グループディスカッションを含めクラスメートとは週に1、2回しか会いません。同じ宿舎に住み、四六時中顔を合わせる「毎日が合宿」状態を希望する人は Full-time MBA のほうが良いでしょう。意識して連絡をとらないと、卒業したらクラスメートと音信不通になってしまいかねません。

Full-time MBA との比較

授業の内容……コースの半分が必修、残りが選択科目であり、取得必要単位数は Part-time MBA のほうが若干少ないです。香港の大学は授業料が単位ベースで課金されるので、追加で授業料を支払えば規定単位数を超えて授業を取ることができます。教授は必修科目の場合はほぼ共通、選択科目の授業では Full-time の生徒や交換留学生と一緒に授業を受けるためカリキュラム的にはほとんど同じ内容となっていますが、ケースコンペティションには参加できません。Part-time 生でも3ヶ月程度休職できるなら交換留学プログラムに参加することが可能です。1割程度の生徒が休職制度を利用したり、留学先の現地法人で勤務しながら通学するという条件で交換留学に参加していました。

国籍の多様性……中国（香港含む）の生徒の割合は Full-time が2割程度、Part-time は7～8割程度となっています。Full-time は国籍が多様でより国際的な環境といえますが、卒業後香港に残る人は半分もいません。一方 Part-time は年々中国以外の国籍の生徒が増えていますが、やはり Full-time に比べ国籍の多様性は劣ります。中国以外の国籍の人は少ないため、良い意味でアウェイ感があります。名前も簡単に覚えてもらうことができ、授業や課外活動でも比較的注目を集めやすいです。

授業期間……Full-time が12～18ヶ月（交換留学、インターン含む）

であるのに対し、Part-time は 24 ヶ月です。ほとんどの生徒は 24 ヶ月で卒業しますが、最長 60 ヶ月まで在籍することが可能です。Part-time には当然のことながらインターンの斡旋はありません。

学位の内容……違いはまったくありません。Full-time MBA とまったく同じ学位が得られます。

就職サポート……Part-time 生でも就職サポートを受けることができます。学校が開催する就職セミナーに参加したり、キャリアカウンセリングを利用することができます。MBA 中に転職する人も多く、私の知る限りでも 2 割以上の生徒が転職していました。

Part-time MBA に通うことができる人は、基本的に現地に住んでいる人（香港 MBA は広東省、マカオあたりからなら通学可能）なので、企業の駐在員、現地採用で働く人、もしくはその家族に限られています。香港在住のビジネスパーソンの方々、時間のマネジメントは大変ですが、Part-time MBA を目指してはいかがでしょうか？

金銭的に海外 MBA に行く余裕はないが日本国内の Part-time MBA では物足りない、できるだけ若いうちに海外留学、海外勤務経験をしたいという方は、Part-time MBA の受験と現地での職探しを同時に行ってみるという方法もあります。

このコラムが MBA を目指す皆様のお役に立てば幸いです。

香港大学 (HKU)
The University of Hong Kong

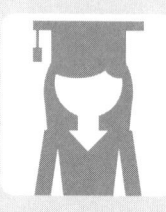

片山 麻美子	Mamiko Katayama
入学／卒業	2010年6月入学／2011年11月卒業
入学時年齢	33歳
留学前学歴	大阪大学（旧大阪外国語大学）外国語学部卒業（専攻：ポルトガル語）
職歴	現職：国内証券株式会社 経営企画部 国際企画課 MBA前：上記同証券株式会社 営業→証券仲介事業部→投資銀行部（勤務年数11年間）
留学方法	社費、単身
海外経験	MBA前はなし
TOEFL	Total 94(L25/ R28/ S20/ W22)
GMAT	Total 600 (Q48/ V27/ AWA4.0)

リーマンショック後、アジア金融の中心地へ ［選んだ理由］

なぜアジア？……もともと中国を中心としたアジア経済に興味があった為です。勤務先で証券個人営業に携わっていた2000年代初め、第1次中国株ブームが起き、香港市場でIPOする中国株を販売、営業店で中国株セミナーを企画したりする中で、現地の経済に身を置いてみたいと常々考えていました。また、勤務先で事業法人を担当する投資銀行業務のRMを続けている最中にリーマンショックが起き、米国中心に景気低迷が長期化し、やはりこれからのビジネスチャンスはアジアにあると、アジアにポテンシャルを感じたためです。

なぜ香港？……こちらは3つ理由があります。まず、香港証券市場はアジア金融の中心であり、中国国内の証券市場よりも格段に成熟した、国際化の進んだマーケットであることです。次に、政治、経済などすべてにおいて、香港は中国へのゲートウェイであることです。もともと中国企業のIPOから中国に興味を持ったわけですが、いきなり中国に入るのは言葉の問題もあり、ハードルが高いなと感じていました。よって、3つ目の理由は香港では英語で生活ができることでした。英語を上達させたい気持ちも強く、香港では英語が第2言語であることは重要なポ

イントでした。

なぜ香港大学？……いくつか理由がありますが、香港での高いレピュテーションと、香港島西部の立地で、キャンパスの一部は香港金融街の近くであったことは魅力でした。プログラムが中国語研修や中国企業のケーススタディが含まれる China-Focus であること、パートナーシップ制度により、選択授業をロンドン・ビジネススクール、コロンビア・ビジネススクール（ニューヨーク）、復旦大学（上海）のいずれかで学べることも香港大学を選択した大きな理由です。ポイントがズレますが、最後の理由は、インタビューやキャンパスビジットで感じたフィーリングです。ウマが合ったと言いますか、これも大きな決定要因でした。

海外経験ゼロからの挑戦 ［入学までの苦労］

MBA 受験準備開始時の TOEIC のスコアは 700 前半、超純ドメ、社費なので失敗は絶対許されない、という条件のもと、スコアメイクには本当に泣かされました。

TOEFL……予備校（アゴス、スピーキング個人塾）、受験教材（バロンズ）で勉強。香港大学 MBA 出願の為の最低 TOEFL スコアは 80 で、そこまでは比較的容易にクリアできましたが、最初から香港大学に絞っていた訳ではなく、最低 100 超を目標にしていました。しかし 結果的に 94 以上をどうしても出せませんでした。準備にかけた時間とスコアは決して比例せず、点数が伸びず途中で本当におかしくなりそうになり、通っていた塾の先生に泣きついたこともありました（苦笑）。TOEFL のスコアは標準偏差で決定するし、90 以上を出せるようになったら、お金が続く限り頻繁に受験することをお勧めします。

GMAT……初回 400、2 回目 420、3 回目 530、4 回目 600（ここで終了）。初回の結果があまりにも衝撃的で頭の中が真っ白に。これには本当に泣かされました。オフィシャルガイド、予備校で実力を貯め、ある程度の力がついたら、ひたすら Prep を繰り返すのが得策でしょうが、センスの問題もあるように思います。出願スケジュールを念頭に置き、早めに準備を始めるのがよいでしょう。

エッセー、インタビュー……MBA カウンセラーを利用して準備しました。時間を極力スコアメイクに割き、時間をお金で買った感覚ですが、効率的だったと感じます。自分の経歴をまとめ、それを短・中・長期の展望につなげ形にしていく作業です。実際のインタビューでは苦労しました。特にスカイプで行われた初回のインタビューでは、中国語訛りの英語を話す教授の質問がまったく聞き取れず、コミュニケーションができずに終了という大失敗を犯しました。回数をこなすと徐々に慣れてきますが、模擬インタビューを繰り返し受けないと、英語でのコミュニケーションに慣れていない場合はハードルが高いと感じます。

数字の裏の真実を解き明かす ［印象的な授業①］

　印象に残っている授業の一つは、香港大学の基礎コース "Accounting"。ケーススタディを中心としたディスカッション形式の授業です。基礎知識は補講で学びました。会計の数字の裏に隠された真実をどう突き止めていくか、という視点で語られる刺激的な授業でした。ACRC（The Asia Case Research Centre　香港大学にあるリサーチセンター）によるケーススタディは、IPOまで果たしたある中国企業が不正会計により上場廃止、倒産に至った過程を学び、中国企業の実態の一端を垣間見ることができました。人気教授による授業でしたが、残念ながらこの教授はもう香港大学にはいません。

グループで毎週レポートを提出 ［印象的な授業②］

　もう一つはロンドン・ビジネススクールの選択コース "Advanced Corporate Finance"。ファイナンスの知識をさまざまなケースに応用して適切なバリュエーションを考える授業です。クロスボーダー M&A、IPO、TOB や企業のリストラなど多岐に渡るテーマについて、グループで毎週バリュエーションを行ってレポートを提出し、授業で解説を受けます。中途半端に理解していた概念を具体的にバリュエーションに反映させるためにはどんな数値やデータを使えばいいか、といった実践的な考え方を学ぶことができました。

限られた時間の中、さまざまな時間を共有 ［クラスメートとの思い出］

　短期プログラムですので、特に香港にいる間は忙しすぎてクラスメー

香港島西部に位置する
サイバーポートキャンパス

トとゆっくり過ごす時間は限られていましたが、卒業後も交流の続く友人ができたことは何物にも代えがたい財産となりました。

ジャパントリップ……授業スケジュールの間をぬって約1週間、クラスメートの希望者4名（米国人、カナダ人、スペイン人、インド人。全員初来日）と一緒に日本を旅行（東京、熱海、京都）。自分がすべてアレンジしました。1人1本ずつ2リットルのウォッカのボトルを持ち込み、最終日には飲み切っていたという、ある意味ハードな旅でしたが（それ以外にもしこたま飲んだ）、最高に楽しい旅でした。欧米から香港MBAに来る人はマイノリティー。そんな友人たちの人間としての素晴らしさ（寛容さ、順応性、人間の深さ、異なるものを尊重する姿勢、素直さ）に改めて気づかされ、皆を尊敬し直す機会にもなりました。

ロンドンでの学生寮暮らし……約4ヶ月のロンドン滞在中、クラスメート約30名と同じ学生寮で過ごしました。通学、食事を頻繁に共にし、ミュージカル鑑賞、近郊へショートトリップ、ショッピング、公園を散歩など余暇も皆と共に過ごすことが多かったです。東京で1人暮らしが長い身にこれが意外にも快適で、本当に充実した楽しい時間でした。ここで英語力（会話力、リスニング力）もかなり鍛えられたと思います。

希望していたグローバル化推進の仕事に ［卒業後］

MBA卒業後は、留学に行かせていただいた会社に戻り、経営企画部

の国際企画課という部署で仕事をさせてもらっています。この部署の業務範囲は多岐に渡り、語学はもちろん、会計知識、マネジメントの視点、日本人、外国人スタッフが一緒に携わる案件をイニシエイトする能力など、さまざまなスキルが必要とされます。

　海外に関連した仕事に就き、日本のグローバル化を推進したい（ざっくりですが）というのは私の長年の夢であり、今はやりたかったことにかなり近い仕事ができていると感じています。MBA 前の職歴は国内に留まっていたことを考えると、MBA の経験なくしては今の自分はなかったと思います。

　MBA で培った人脈が直接ビジネスにつながった、もしくは有利な転職候補を紹介してもらえた、といったことは今のところありません。しかし多国籍のクラスメートや香港の他大学 MBA の同期生の方々との人脈はかけがえのないもので、それらを卒業後も大事に育む中で、将来、ビジネスの上でのメリットも生まれるのではと考えています。

　敢えて反省点を挙げるとすれば、私の場合は年齢でしょうか。MBA 卒業時は 35 歳目前。できることならもう 5 年早く留学したかったです。まったく後悔はないのですが、もう 5 年早かった方が公私において選まったく後悔はないのですが、もう 5 年早かった方が公私において選択肢がより広がったのではないかと思います。

未来のアジア MBA 生への応援メッセージ

　アジア関連の仕事に携わりたい方は、思い切ってアジア MBA に飛び込んでください。実際にその地に住むこと、2 ～ 3 ヶ国語（英語、北京語、広東語、欧米語）以上を操るクラスメートたちと共に過ごすことで、いかに日本のグローバル化がアジア諸国の中でも遅れているかを肌で感じることになると思います。その環境の中でもがいてください。自分の無力さを実感する中で、どうすれば自分が周囲に貢献できるのかを真剣に考えるようになります。その力がひいては今後の働き方、生き方の礎になると思います（あくまでも自分の経験からの考えですので、読者の皆さん全員に当てはまるわけではないと思いますが）。

スケジュール

	1年目			2年目	
	夏 (8-10)	秋 (10-12)	冬 (1-3)	春 (3-7)	夏 (7-8)
(取得コース数)					
Core courses	5	6	3		
Elective courses	1		1	5	1
交換留学				ロンドン	
(時間配分)					
授業	100%	95%	95%	70%	50%
旅行				30%	30%
ジャパントリップ		5%			
ビジネスコンテスト				20%	
就職活動					
その他			5%		20%

留学費用の内訳

	円換算額（万円）	
学費	540.0	
住居費①	210.0	香港分
住居費②	40.0	ロンドン分
生活費	100.0	
交通費	50.0	東京→北京→香港→ロンドン→NY→香港→北京→東京
旅行費	50.0	ジャパントリップ、台湾、欧州(スペイン、ポルトガル、フィンランド)
合計	**990.0**	

MBA後、現地で就職
［香港編］

香港科技大学 MBA 卒業生　**鈴木　康士**

以前の会社での仕事は順調でしたが、転職経験のないまま現状維持を続けることの「リスク」に対応するため、また国内外問わずSurviveできる能力と自信を身につけるために私費で留学しました。

MBAといえば欧米のスクールを思い浮かべる人しかいなかった時代でしたが、当時既にアジアではNo.1だった香港科技大学（HKUST）に留学。香港のMBAを選んだ大きな理由は、「差別化」です。

海外MBA留学をする日本人は毎年800人前後。卒業後日本で就職する場合の競争相手は他でもないMBA卒。彼等と職争いをするためには徹底した差別化を行わないと勝てません。

そのため「アジアの時代」でもあり、中国のプレゼンスが上がり続ける中、人・モノ・金・情報が中国とのゲートウェイになっている香港でマネジメントを学ぶ、というのは強い差別化ポイントになると考えました。またMBA在学中は北京大学へ交換留学し、2008年のオリンピック直後の北京で、生の中国を中国人・台湾人・欧米人そして日本人の視点からどん欲に学んできました。

Koji Suzuki
入学／卒業　2009 年 3 月卒業
入学時年齢　33 歳
留学前学歴　日本大学法学部政治経済学科（専攻：政治学）
職歴　　　　現職：在港日系 IT 企業、Sales Director（2009 年 4 月～現在）
　　　　　　前職：国内 IT 企業、ERP コンサルタント（1998 年 4 月～ 2007 年 7 月）
留学方法　　私費、単身
海外経験　　MBA 前：毎年 5 回ほどの海外旅行のみ（欧米及びアジア）
　　　　　　現在：香港在住 7 年目

学んだことを 100% 活かすため香港に残る

日本での就職を考えて留学したのになぜ香港に残ったのか。せっかく海外に留学したのだから、そこで学んだことを活かしてどこまでチャレンジできるか試してみたいというのが第 1 の理由。第 2 に、日本では HKUST の知名度はまだまだ低く、ここで培ったネットワークを活かすなら香港・中国等にいるのが最適であることが理由です。

また、香港での就業許可が他国と比較して得やすいことも、現地就職を後押ししてくれました。香港では、香港の大学・大学院を卒業した外国人には香港で 1 年間の就労許可を得ることができる IANG（Immigration Arrangements for Non-local Graduates）という仕組みが用意されています（最新の状況は香港政府のウェブをご覧ください）。有効期間中、正社員として雇用されていれば最長 8 年まで延長可能です。こちらは香港政府保証のビザでカンパニースポンサーが不要なので、転職時のスポンサーチェンジも不要です（辞めた翌日から別の会社で働いても問題ナシ）。

就職活動は 2008 年夏頃から開始しましたが、ちょうどこの時期にリーマン・ショックが勃発。非常にタイミングの悪い時期とな

りました。どこの会社も雇用を削減している状況で、香港・中国・シンガポールを中心に非日系企業のコンサル職へ応募しましたが、ほとんどなしのつぶてでした。

2009年1月、交換留学先の北京から香港に戻ってきて、まずは自分の優先順位を再設定しました。自分にとって重要なことはなにか、何をどこまで妥協できるのか。まずは海外での就業経験を積むことを最優先とし、香港での就職活動を5月末までと決めました。その上で差別化要因を再分析し、日本の企業文化を熟知していること、そして前職の経験を活かすこととし、日系IT企業での就職を目標と定めました。MBAの授業がすべて終了した直後に営業職のオファーを2社からいただき、現在の会社に決めました。

ぬるま湯を飛び出し自分を鍛えられる場に

MBAに限らず転職では「国、業種、職種」の3つの要素のうち1つでも変えようとすると非常に難しくなります。僕はこのうち業種以外の2つを同時に変えました。これはMBA留学していたからこそできたこと。特に国の変更は就業許可が出る条件を満たせた香港MBAならではだと思います。

もちろん、すべてが理想的な状況ではありません。一番の妥協点は給与。僕の応募した求職はMBAをまったく必要としない普通の営業職で、給与は税込み年収で前職時のほぼ半額でした。贅沢しなければ香港で暮らせますが、厳しいのは間違いありません。しかしそこは「国、職種」を変えたことによるハンデであると考え、実績を積み上げて会社と交渉することで改善しました。丸4年働いた時点の年収で前職を10%ほど上回りました。もちろんMBAに行かず前職を続けていれば20%ほど上がっている見込みなのでまだ差はありますが、これまでの給与の伸び率（年率約20%）を考えれば、時間の問題だと考えます。

「国、業種、職種」の要素を変えるのは本当に大変です。3つの要素のいくつか、もしくはすべてを変えるなら、そのハンデを補って余りあるだけの強み、差別化要因を持つ必要があります。香港 MBA はその 1 つになりえますが、それだけで理想の職が得られるほどの強みにはなりません。特に最近の香港は、言語の優位性もある（英語・中国語）上に欧米やアジアの MBA を取得している優秀な中国人も多く、彼らとどう差別化するかを考えておかないと就職に苦労します。

香港で就職して良かった点は、意思決定が迅速で常にチャレンジングな環境でビジネスができること、きちんと実績を出せばそれに見合う評価をもらえること、ワークライフバランスを取りやすいこと、この 3 点です。MBA ではよく「Get out from comfort zone」と言われます。ぬるま湯でぬくぬくではなく、熱湯のなかでもがき続ける。それは簡単ではありませんが、自分自身をより高みへ成長させるためにはそういう環境に身を置いた方がいい、というのが自論です。すべての人に MBA を、香港での就職をおすすめするわけではありませんが、加速度をつけて自分を成長させたい人には、ぜひチャレンジしてほしいです。

社費で行く
アジア MBA ①

香港中文大学 MBA 卒業生　**岡田　洋司**

はじめに、お勤めの会社に社費留学制度があるのであれば、留学をするかしないかを悩む前に、まず挑戦されることをお薦めします。社費留学の場合には、留学中の経済的サポートや卒業後の進路が一定程度保証されています。MBA 留学で得られる貴重な経験は、あなたのキャリアにとって必ずかけがえのないものとなるでしょう。

私費留学と社費留学

一般的に MBA に留学する人の目的は以下の3つです。

①**キャリアチェンジ**……MBA 留学の大きなメリットの一つは新卒の資格をもう一度得ることができることです。自分の在籍する業界から別の業界へ転職（コンサルティング業界、外資系金融への転職志望者が私の留学中には多くみられました）や、社費留学者においては、専門的な業務から経営企画・マーケティング企画等を行う部署への異動希望を実現するきっかけになります。

②**キャリア・アップ**……同業界において、より条件のよい会社への転職や、社内におけるキャリア・アップを目的とする場合です。社費留学においてはこちらがメインとなるでしょう。

Yoji Okada
入学／卒業　2011 年 12 月卒業
入学時年齢　28 歳
留学前学歴　早稲田大学大学院理工学研究科（専攻：機械工学、2006 年 3 月修了）
職歴　　　　現職：株式会社ゆうちょ銀行
留学方法　　社費、単身
海外経験　　海外旅行程度

③起業……これまで自分が身につけた専門知識やアイデアをベースに、MBA 留学で経営に関する知識や同窓の人脈を獲得して起業を計画する場合です。

社費留学の場合、会社が経費を負担し留学機会を得ているのですから、ほとんどの場合は留学後の一定期間（概ね 5 年間）の退職にかかる制限（留学費用の返還義務等）があります。MBA 卒業生が新卒扱いされるのは卒業後 1 年程度と思われますので、転職という意味では上記①・②は制限されますし、③でも一定期間は待つ必要があり、これらはデメリットと映ると考えられます。

一方でメリットとしては、（就職を意識して）大学ランキングにとらわれることなく、一定の自由度のある中で大学選びができることが挙げられます。特に近年注目され始めたアジア MBA では、まだまだその存在が企業の採用担当者に知られていない側面があり、大学ランキングのみを客観的な評価対象としている傾向があります。社費留学の場合、この点は気にせずに、大学の特色等を最重要視して選択しやすいと思います。また、入学審査に際し、自身の評価に加えて会社の信用も一定程度考慮され、希望大学への合格も有利となる可能性があります。

留学期間中においても、就職活動がないため時間的余裕がありますので、自分の興味のある分野の勉強を集中的に行うことができたり、さまざまな業界を覗いてみることができるでしょう。

私のアジア MBA 留学

私は株式会社ゆうちょ銀行から 2011 年に香港中文大学に MBA 留学しました。ゆうちょ銀行は 2007 年 10 月に日本郵政公社が民営化して発足した銀行です。民営化後は、経営に貢献できるグローバルな視点を持った人材や、金融・組織マネジメント等に関する専門的な知識を有した人材の育成等を目的として、一定の勤続年数を経た社員を対象に、米国、欧州、アジア等の大学院・研究所への留学機会を原則として 1 年間与えています。

留学するまでは経営企画部において経営計画策定や月次損益管理等を主な業務としていました。私自身は大学時代に理系分野を専攻しており、経営・経済・会計・ファイナンスに関する知識を体系的に習得したいと考えたこと、国際化していくビジネス環境に対応していくため、英語でのコミュニケーション能力のスキルアップを図りたいという思いがありました。

会社の派遣制度の関係上、1 年制のプログラムを実施している米国、欧州、アジアの一部の大学が留学先の選択肢となりました。米国の 1 年制 MBA はミドルクラスを主としているものが多く、欧州については研究的側面が強いプログラムであると感じたことから、最終的にアジアを選択しました。その中でも特に香港は、経済成長著しい中国へのゲートウェイであり、世界的な金融センターである点に魅力を感じました。

香港には著名な 3 大学（香港大学・香港中文大学・香港科学技術大学）がありますが、通常 1 年半のプログラムのところ、夏季休暇期間

をインターンシップではなく単位取得に充てることで最短1年で卒業できる香港中文大学を選択しました、同大学は中国本土からの留学生や香港人の割合が相対的に多く、経済発展の渦中にいる同世代と実際に交流してみたいという思いもありました。同期には私の他、韓国から2名の社費派遣生が在籍していました。

現在は、市場部門で主に外国債券への投資を行っています。MBAで学んだ知識は、さまざまな国・地域の債券発行体のクレジット分析や保有債券ポートフォリオ管理を行う上で、ダイレクトに活かされていると感じています。また、国際感覚という意味でも、アジアを身近なものに感じられるようになったことに加え、世界経済の動向を大きな視点で考えられるようになりました。

MBAは自分自身を総合的に見つめなおすきっかけを与えてくれるもので、MBAを取得したからといって何か特別な力が付くわけではありません。特に社費留学の場合は転職を前提にしないため、本来の意味でのMBAの価値が試されるのは今後のキャリア形成次第ということを心にとどめ置きながら頑張りたいと考えています。

社費留学制度を利用する以上、会社固有の派遣制度の制約や社内選考・受験過程で、自分自身の希望に沿わない場合もあるかもしれません。しかしどのような場合でも、社会人を一度経験してからのMBA留学での学びや、世界中から集まった切磋琢磨し合える友人との出会いは、二度と得られない貴重な経験となると確信しています。

読者のみなさんもそのような世界に飛び込んでみませんか？

シンガポール国立大学 (NUS)

National University of Singapore Business School

太田　剛史 Takefumi Ota

入学／卒業	2012年8月入学／2013年12月卒業
入学時年齢	31歳
留学前学歴	東海大学開発工学部医用生体工学科卒業
	名古屋大学大学院医学系研究科修了（専攻：医科学）
職歴	現職：ノボ ノルディスク ファーマ株式会社 マーケティング本部コマーシャルマネジメント部
	前職：日本ケミファ株式会社 創薬研究所
	田辺三菱製薬株式会社 国際事業部
留学方法	私費、家族帯同
海外経験	大学時代、米国に半年間の語学留学経験あり
TOEFL	Total 101 (L29/ R25/ S20/ W27)
GMAT	Total 720 (Q48/ V40/ AWA4.5)

新興国のハブにある国際的評価も高いMBA［選んだ理由］

NUSを選んだ理由は、シンガポールが新興国のハブであること、MBA校として評価が高いこと、生活環境が良いことです。

シンガポール政府は国策として金融・IT・バイオサイエンスに力を入れています。世界の金融機関、IT企業、ヘルスケア企業のアジア統括会社があり、これから大きな成長が見込まれる東南アジアの中心地になっています。

NUSはFinancial Timesの2012年グローバルMBAランキング23位で、国際的な評価が高いことも非常に魅力的でした。

さらに、生活環境という意味では、日系の生活雑貨店、スーパー、デパート、書店、飲食店があって便利です。また、家族同伴だったので日系の病院、子供の教育が充実している点でも安心です。

仕事後も深夜まで勉強［入学までの苦労］

受験の準備にはイフ新大阪校とWEBTOEFLを活用しました。平日は仕事を終えてから自宅近くの喫茶店などで1～2時ごろまで、土日は8～9時間程度勉強していました。

TOEFL 対策は 2010 年 5 月から始めましたがなかなか 100 点を超えられず、WEBTOEFL を活用して 2012 年 1 月にやっと 100 点を獲得できました。エッセーは、文章力に自信がなかったのでイフの対策コースをフル活用しました。GMAT は 2011 年 3 月～ 8 月にイフで集中的に勉強して 590 点を獲得し、このスコアで 11 月に出願しました。その後、書類選考通過の連絡が来ないため NUS の MBA 在学生に相談したところ、GMAT の点数が足りない可能性が高いので最低 600 点を目指すようアドバイスをいただきました。年末年始の休みを利用して再度勉強し 2012 年 1 月に目標スコアをクリアしたらすぐに面接の連絡がきました。

実務に役立つマーケティング・メトリクス ［印象的な授業①］

　とかく主観的かつ定性的な分析になりがちなマーケティングにできるだけ定量的な分析を加えて質を高めたいという問題意識から受講した "Marketing Metrics" が印象に残っています。マルコフモデル、NPV（マーケティングの授業なのにファイナンスの用語ですよ！）、コンジョイント分析、その他いろいろ複雑な数式がたくさん出てきて授業についていくだけでも必死でした。授業を受けている間は、特定の状況でしか使えないメトリクス（測定法）が多く本当に使えるのかと疑問に思っていました。しかし、ヤンセンファーマでインターンをした際にこの授業で学んだカスタマーライフタイムバリューやカスタマーエクイティなどのフレームワークを使った分析を行い、すぐに実務で役立てることができました。

リー・クワン・ユー公共政策大学院での授業 ［印象的な授業②］

　NUS では他学部の授業で単位を取得できます。中国語を中心としたアジア系の語学が非常に人気ですが、私はリー・クワン・ユー公共政策大学院の医療経済と公共政策の授業をとりました。

　日本人の学生が珍しかったため、保険制度や臓器移植の話題などでは教授から日本ではどうなっているのかという質問を常にされました。医療経済学のテクニカルな部分よりも、通常の経済学と医療経済学の違い、医療の財源をいかに確保するか、そのためにどのような制度にするべきかなどについて勉強しました。ビジネスとは違った観点での授業がとても新鮮に感じました。

インド人の仲間とケースコンペに参加 ［クラスメートとの思い出］

　一番の思い出は、クラスメートと一緒に日系企業とグロービスが共催したケースコンペに参加したことです。当該日系企業に対して、NUSとNTUのMBAの学生がチームを組んでアジア市場への参入戦略をプレゼンして競い合いました。私のチームはインド人3人と日本人1人という編成で、インド市場に進出する戦略を策定してプレゼンをしました。製品と市場を十分に理解して練られた戦略だったとの評価を得、優勝チームに選ばれました。非常にいい思い出です。

ビジネスプランのプレゼンで優勝 ［自信を得たエピソード］

　"Technology transfer and commercialization" という授業でNUSの医学部で研究されているDAA-1という糖尿病の医薬品候補化合物に興味を持ちました。その後、授業以外でもDAA-1に関わりたいと教授に申し出たところ、発明者の教授がINSEADの起業系の授業でのビジネスプラン作成に参加するということで、私も同席させてもらいました。INSEADの学生たちと2日間でビジネスプランを作り、投資家の前で発表するという非常に過酷な内容でした。投資家へのプレゼンではプロジェクトの投資価値評価や研究者のDAA-1にかける熱意が評価されて優勝。自信につながりました。

自分に合わせて選べる魅力的なカリキュラム ［ここが自慢！］

　バラエティとフレキシビリティのあるカリキュラムが魅力です。卒業後のキャリアプランに合わせて、ファイナンス、戦略、マーケティング、不動産、ヘルスケアのいずれかを専攻できます。総合大学のため、工学部や医学部との起業プロジェクト、NUS内の他大学院の授業、語学系の授業を取れます。フルタイムで入学してシンガポールで就職が決まったらパートタイムに切り替えられます。基本的に17ヶ月のプログラム

クラスメートや先生に言われた
印象に残っている一言

　インターンをたくさんしたので、「今はどこでインターンしてるの？」と多くの人に聞かれました。

INSEADの授業で投資家にプレゼンし優勝

ですが、12ヶ月や22ヶ月で修了することもできます。

インターンの機会は豊富。3社を経験［インターンシップ］

　NUSでは授業のある期間にもインターンができるうえに、日本人インターンの求人が比較的多いため、シンガポール国内で3社、日本で1社インターンをしました。

　フロスト＆サリバンシンガポールの情報通信技術（ICT）部門で、2012年10～11月にプライマリーリサーチの仕事、2012年12月～2013年5月にP＆GシンガポールでASEAN、オーストラリア、インド、日本、韓国におけるヘアケア製品のデジタルマーケティングに関する業務を担当しました。2013年6～8月にはヤンセンファーマの東京オフィスで、生物学的製剤のデジタルマーケティングのプランを作成して経営陣にプレゼン。2013年9～11月はダブルヘリックスコンサルティングシンガポールという医療経済アウトカム研究とマーケットアクセスに特化したライフサイエンス系コンサルティング会社で、社内プロジェクトとして日本の医療技術評価の動向について調査しました。

スカイプ面接などを経て希望に合う企業に採用［就職活動］

　NUS入学当初はコンサルへの転職やシンガポールでの就職を考えていましたが、家族の希望もあり、日本でのヘルスケア企業のマーケティングポジション・MBA採用を中心に応募しました。MBAのキャリアサービスオフィスは基本的にシンガポール国内の案件しか扱っていませんので、日本の転職エージェントを活用して2012年9月頃から就職活

動を行いました。いずれの会社も基本的に直接の面談を希望されますが、シンガポール在住ということで一次・二次の面接はよく電話やスカイプで対応していただきました。また、授業が一週間休みになるリセスウィークには日本に帰国して 4 社と直接面接しました。最終的に 3 社から内定をいただき、ノボ ノルディスク ファーマ株式会社に決めました。

グローバルな人脈を築ける MBA ［総括］

　NUS の良いところは、シンガポールでの日本市場の存在感が大きく、日本人インターンの求人が多いことです。シンガポール国内では 3 社でインターンをすることができました。また、学費が安く 55,000SGD（2012 年当時）で日本円換算約 360 万円と欧米に比べると破格の値段で、卒業後 3 年で留学費用を回収した卒業生もいます。交換留学やダブルディグリーで欧米トップスクールからの留学生も多く、グローバルなネットワークを築けます。

　他方で、欧米のトップ校に比べるとブランド力でやや劣ってしまうため MBA 採用などでは有利に働きません。また、ファイナンス系のバックグラウンドの学生が多く、コンサルティング業界への転職の例は少ないです。シンガポールでの就職は政府が外国人（非シンガポール人）労働者数を削減しているので難しくなっています。ただし、政府の方針は変わりやすいので、外国人の採用動向についてはしっかりと観察する必要があります。

未来のアジア MBA 生への応援メッセージ

　これからさらなる成長が見込まれる熱いアジアのダイナミクスを感じながらグローバルな学生と切磋琢磨できる NUS MBA をぜひ、皆さんのキャリアの礎にしてください！

スケジュール

	1年目				2年目	
	Semester 1 8-11	Intensive Week 1	Semester 2 1-5	Special Term 1 5-6	Special Term 2 6-8	Semester 1 8-11
(取得コース数)						
Core courses	4	2	4			1
Elective courses			2	3		2
Cross faculty module	1					1
(時間配分)						
授業	70%	90%	70%	70%		25%
クラブ活動	5%					
インターン	20%		30%	30%	100%	20%
ビジコン／コンサルPJ	5%	10%				20%
就職活動						35%

留学費用の内訳

	現地通貨（S$)	為替	円換算（万円）
学費	55,000	65	357.5
住居費	16,258	70	113.8
生活費	49,095	70	343.7
保育園	11,900	70	83.3
医療保険			32.6
医療費	12,360	70	86.5
就職活動	600	70	4.2
渡航費	6,000	70	42.0
合計	151,213		1063.6

※授業料割引60万円、他は自己資金で負担。医療保険86.5万円。

早稲田 - ナンヤンダブル MBA

Nanyang-Waseda Double MBA

	向井　秀明 Hideaki Mukai
入学／卒業	2011年8月入学／2012年8月卒業
入学時年齢	31歳
留学前学歴	宇都宮大学大学院工学研究科卒業（専攻：エネルギー環境科学）
職歴	現職：日系IT企業 グローバルプロダクトマネジメントグループ 前職：DPテクノロジージャパン株式会社 株式会社童夢 開発部
留学方法	私費
海外経験	オーストラリアに短期語学留学経験（4ヶ月）あり
TOEFL	Total 102 (L29/ R29/ S23/ W21)
GMAT	Total 640 (Q50/ V26/ AWA4.5)

シンガポールと日本の両方で学べるユニークな MBA［選んだ理由］

　31歳の私費留学ということで、1年制のプログラムであることが学校選びの第一の基準だった。1年制のプログラムが多い国としてはまずイギリスが挙げられる。母体となる大学の歴史やネームバリューの観点ではとても魅力的だったが、卒業後イギリスやヨーロッパを中心に活躍したいという思いは特になかった。その頃に出会ったのが、ナンヤン工科大学と早稲田大学が主催するダブルMBAである。1年間でなんとシンガポールと日本の両校からMBAを取得できる、とても魅力的なプログラムだ。

　早稲田ビジネススクールは日本でトップクラスのビジネススクールであり、錚々たる教授陣が教壇に立っている。テレビや本で知った著名な方々から直接指導や評価を受けられる経験は、自信にもつながる貴重なものになるだろうとの思いがあった。やはり日本人である以上、日本で著名な方との接点には大きな価値があると感じている。

　また、今後最も成長が見込まれる地域であるアジアでMBAを取得したという事実は、取得後のバリューという観点でも有望だとの思いもあった。これからアジアでビジネスを行う機会は増える一方であり、こ

の地域に関する知見やネットワークの価値は年々増すに違いないとの考えたのだ。

テクノロジーとeビジネス ［印象的な授業①］

"Technology and e-business" の授業は、2013年にエコノミスト誌が主催する Business professor of the year award を受賞したナンヤン工科大学の教授が担当するもので、とにかくおもしろくかつ分かりやすいのが特徴だ。この教授の板書は特に秀逸だった。授業中は各学生が思い思いの意見を言うわけだが、出てきた意見を見事にグルーピングし、授業が終わる頃にはその日のケースに関する業界地図のようなものができあがっているのだ。授業のテクニックに加えて取り上げる内容も引き込まれるものが多く、インターネットビジネスに関連し、かつ既存の業界構造に変化を与えているようなホットなトピックが多く扱われた。たとえば、Skypeがどのような技術を使っていて、その何が秀逸で、どのように現れ、どのように電話業界に影響を与えたかなど、「そうだったのか!」と言わされる内容が盛りだくさんだ。また、アジアのビジネススクールらしく、Taobao（アリババ）のケースや、eBayが中国進出に失敗したケースなども扱われた。欧米系の学生とアジア系の学生がこれらについて激しく議論を交わすのを聞いているだけでも、学びが多いと思う。

マネジメント視点での問題解決 ［印象的な授業②］

もう一つ印象に残っているのは、ボストン コンサルティング グループでヴァイスプレジデントを務めた早稲田の教授が担当する、実践的経営コンサルティングを学べる授業 "Problem Solving from General Management Perspective" だ。一般的なケースディスカッションベースのスタイルだが、学生の分析に対する教授のコメントに多くを学ばせてもらった。往々にして教科書通りに分析してそれに基づいた意見を言う学生に対し、教授は実社会で起こりうる極めて実践的なコメントをくれる。たとえば、組織内の情報伝達の悪さについて組織構造の問題を挙げる学生に対して、実は人間関係のこじれが問題なのではないか、と指摘するのである。実社会では後者のパターンが多いだろう。この授業では社会で本当に使える分析スキルを学ぶことができたと思っている。

多種多様な仲間、国民性の違いを実感 [クラスメートとの思い出]

　一番の思い出はクラスメートの多様性だ。クラスメートは20ヶ国以上から集まっており、各国の学生がそれぞれ異なる常識で行動する様は驚きと発見の連続だった。ヨーロッパの学生は自分の能力以上の成績を得ようとはせず、常にプライベートの充実に主眼をおいていた。インド人やシンガポール人は成績が一番大事であり、週末の誘いを断ってでも成績にこだわる。こうした姿勢の違いに加え、プレゼン等のアウトプットにも国民性は如実に表れていた。アジアの学生はスライド上で詳細まで説明する傾向があったのに対し、欧米の学生はイメージ画像や概念図を使用してポイントのみを説明する、といった具合だ。皆優秀で勤勉だったが、このような国民性の違いはたいへん興味深かった。

最下位も優勝も経験！ [自信を得た／辛かったエピソード]

　今でも思い出す苦い思い出は、管理会計のグループワークのプレゼンで最下位の評価を受けたことだ。当時はまだ自分の分析力に自信がなく、分担して作成してもらった質の低い資料を批判することもできないまま、なあなあで提出したところ、見事に最下位となったのである。明らかにおかしいと思いながらも言うことができずにこのような評価を受けたことがとても悔しかったし、成績にも影響してしまった。

　一番自信を付けられたエピソードは、ビジネスプランコンテストでCEO役として1分間のスピーチを任され、優勝したことだ。ビジネスプランの緻密さという面では他チームの方が有利な面も多々見られたが、要点を明確に伝えかつユーモアを交えたスピーチを行うことで、最終的に高評価を得た。ネイティブスピーカーたちをさしおいて教授と現役のベンチャーキャピタリストから高評価を得られたことは、その後のMBA生活においても大きな自信となった。

シンガポールと日本、両国にまたがるネットワーク [ここが自慢！]

　日本で就職するMBAホルダーにとって、卒業後のネットワークの維持と有効活用は大きな課題の一つだろう。忙しい中で頻繁にネットワーキングイベントを開催するのは、容易ではないからだ。しかし、このプログラムではナンヤンビジネススクールと早稲田ビジネススクール両校とつながりができ、ネットワーキングする機会も2倍なのである。さらに、

早稲田ビジネススクール
での授業風景

　毎年シンガポールから後輩が日本を訪れるため、それをきっかけに必ずアルムナイも交えた交流会が行われるのだ。このネットワークの広さと持続性こそ、このプログラムの自慢だと言える。

ダブルMBAであることは就職時にも有利 [就職活動]

　就職活動では4社から内定をいただいた。このプログラムは1年に2つのMBAを取得できるようカリキュラムが組まれているため、授業数が多く、英語を母国語としない自分には負荷が高かった。そこで当初は、すべての授業が終わってから就職活動を開始しようと考えていた。しかしキャリアオフィスから魅力的な案件がしばしば共有されたため、シンガポール在住時にも数社の面接を受けた。もし在学中にもっと時間が確保できれば、かなり多くの会社を受けていたと思う。

　就職活動を本格的に開始したのはプログラムが終盤を迎え、早稲田で授業を受けるために帰国してからである。海外MBAを志しながら、日本で学生の身分のまま就職活動を行えるメリットは大変大きく、とてもスムーズに活動できたと実感している。日本の転職エージェント数社に登録し、じっくりと就職活動に注力できた。また、このプログラムにはBSM（Business Study Mission[※]）という、早稲田ビジネススクール主催の企業訪問が組み込まれており、企業の経営企画部門や人事部門と直接ネットワークを築く機会も与えられていた。実際に、私はこの機会を活

※現在はBSMに代わり、1学期間を通して行われるJapan Industry Studies（JIS）ゼミの中で企業訪問を実施している。

用して内定もいただいた。内定した案件の出処は、キャリアオフィスが1件、転職エージェントが2件、BSMが1件だった。

MBAで得た自信とリターンを日々実感 ［総括］

　総じてMBAは、私に大きな自信とリターンをもたらしている。ただ、大学自体の知名度や評判がひとり歩きする傾向にある日本において、このプログラムはやや不利だと感じることはあった。やはり欧米の大学には歴史があり知名度も高いことから、就職活動で有利に働くように見受けられた。この点においてはシンガポールの大学がまだまだ劣っていることは事実であり、知名度を重視する方には不向きかもしれない。しかしながら、シンガポールに対するイメージは年々向上しており、知名度の観点でも良い選択肢になる日は近いのではないかと思う。

　MBAのリターンとして最も大きかったのは、何と言っても就職先を特別な待遇で得られたことである。MBA枠として採用され、MBAホルダーの同期等とともに特別な研修を受けさせてもらうこともできた。また現在海外ビジネスに関わっている者として、英語で多国籍のチームを論理的にリードする力を身につけ自信を得たことは、日々の業務においても多大な利益をもたらしている。

未来のアジアMBA生への応援メッセージ

　業界にもよるかもしれないが、多くの会社で最も伸びている海外事業はアジア地域を対象としたものであるはずだ。それにもかかわらず、アジアの大学からMBAを取得している人間は少ないままである。皆さんには、私や共著者の仲間たちと一緒にこのホワイトスペースを埋めていただきたいと思っている。一緒に頑張りましょう！

スケジュール

		1年目					
	英語コース	Trimester 1	Recess	Trimester 2	Recess	Trimester 3	早稲田
	7	8-10	1週間	11-2	1週間	3-5	6
(取得コース数)							
Core courses		4		4		1	1
Elective courses			1	4	1	6	1
語学コース	1						
(時間配分)							
授業		90%	100%	80%	100%	60%	40%
語学	100%						
就職活動		10%		20%		20%	30%
修士論文						20%	30%

留学費用の内訳

	現地通貨(S$)	為替	円換算(万円)
学費	53,500	68	363.8
住居費	4,800	68	32.6
生活費	19,200	68	130.6
生活開始資金	2,000	68	13.6
渡航費	2,500	68	17.0
旅行	2,000	68	13.6
就活	1,000	68	6.8
合計	**85,000**		**578.0**

※ビジネススクールより奨学金(Merit-Based Scholarship)95万円、教育ローン380万円(日本政策金融公庫+銀行)、他を自己資金で賄う

ナンヤン工科大学 (NTU)
Nanyang Technological University

	岩井　宏之　Hiroyuki Iwai
入学／卒業	2012年入学／2013年10月卒業
入学時年齢	32歳
留学前学歴	東京工業大学理学部卒業（専攻：地球惑星科学）
	同大学院（専攻：環境理工学、2004年3月卒業）
職歴	食品製造メーカー　勤務年数9年間
留学方法	社費、家族同伴
海外経験	特になし
TOEFL	Total 93 (L23/ R26/ S19/ W25)
GMAT	Total 620 (Q48/ V27/ AWA4.0)

アジアで仕事をしたいから [選んだ理由]

　社費留学である私の場合は、留学先については会社指定があり、かつTOEFLの点数が低かったこともあり、選択の幅は広くありませんでした。しかし、決して消極的に本校を選んだわけではありません。自分のキャリアプランとして、アジアで仕事をしたいという思いが強かったことと、会社もシンガポールオフィスを拠点にアジア市場を開拓していくという機運にあったので、留学先として絶好のロケーションでした。ナンヤン工科大学については当時留学中であった同僚や卒業生からもよい評判を聞いていたので、迷いなく出願を決めました。

　欧米よりアジアで仕事をしたいと思うのは、個人的な経験によるところが大きいと思います。旅行や出張を通じてどちらも何度か行きましたが、変に緊張することのない馴染みやすさ、人との接しやすさという点でアジアは相対的に居心地がよく感じ、長い期間生活ができる環境だと考えたからです。居心地の差を感じるたびに、自分が日本人である前にアジア人であることを強く感じます。

反対を押し切って平日夜と休日に猛勉強 [入学までの苦労]

　私の場合、社内選考が2011年6月にあり、第1ラウンドの出願が同年末ということで、半年間ですべての準備をするという準備期間の短

さが一番の課題でした。特に TOEFL には苦労しました。11 年 7 月に初めて受けた簡易 TOEFL のスコアは 55 点。目の前が真っ暗になりました。通っていた大手 TOEFL 対策塾のカウンセラーからは年末の出願はやめた方がよいとアドバイスされました。しかし、私の代わりに公募に落ちた仲間もいる中、予定通りのスケジュールで留学することを諦められる環境ではなく、残業をしない勉強日を作り、平日夜と週末を中心に猛勉強しました。代わりに勉強日はみっちり残業か社用の飲み会があり、常に寝不足との戦いでもありました。8 月の初の本試験では 70 点、11 月までに 90 点までスコアを伸ばしました。同時期に MBA フェアで来日した学校担当者と相談（というよりは交渉）し、基準より低い 90 点ではありましたが第 1 ラウンドでの出願を薦めてもらい面接に進み、TOEFL のスコアが若干アップしたこともあり合格しました。

実際のビジネスにケースライターはいない ［印象的な授業①］

　印象に残っているのは、パトリック・ギボンズ教授による 5 日連続のコンパクトコース "Competitive Strategy" です。名前の通り、戦略系の授業になりますが、戦略の授業の中では一番クリアーな内容で満足度が高かったです。

　特徴的だったのは、ビジネスケースの読み方から指導されることで、添付書類のデータを徹底的に分析することを強く推奨されます。ついつい文章を必死に読んでしまうケースでも、実はデータを必死に見る方が、描かれている戦略の概要やパフォーマンスをしっかりと把握できるのだと知りました。この方法論は一見ビジネススクールの授業をうまくこなすためだけのテクニックにも見えますが、職場復帰して感じるのは、実際のビジネスにはケースライターはおらず、あるのはデータだけであり、データだけから他社の戦略を分析したり、自社の戦略を構築する方がスタンダードであるということです。

会計学こそ MBA で学ぶべき学問 ［印象的な授業②］

　もう一つは財務諸表分析の発展コース "Financial Statement Analysis" です。担当のキン・ワイ教授はナンヤンでも 1、2 を争う厳しい（？）教授で、大量のグループ課題、クローズドブックの期末試験と、本当に受験戦争時代に戻ったのではないかというくらい夜な夜な勉強をしまし

た。教授の厳しいポリシーは明確で、たとえばオープン試験としないのは、卒業後に即戦力として活躍するべき MBA ホルダーは最低限の基礎知識は暗記していて当たり前だから、という真っ当な理由でした。当時は辛かったのですが、そのぶん職場に復帰した今では最も役に立っている授業です。友人から「会計は英語と同じくビジネス界の共通言語だ」と言われたことがありますが、会計学こそが MBA でしっかり学ぶべき学問だったと実感しており、教授には感謝しています。

子持ちの友人と家族ぐるみで交際 [クラスメートとの思い出]

　私は妻子を帯同していましたが、同じくらいの年齢の子を持った友人が何人かいて、「家族ぐるみ」で付き合うことができました。家族で日本料理店へ行ったり、バーベキューをしたり、近くの島へ遊びにいったり（シンガポールからは近くにあるインドネシアのリゾート島へ1時間ほどで行けます！）できたのは良い思い出です。まったく英語を話せなかった妻も外国人（特にアジア人）のママ友ができました。彼らの家族とは帰国後も Skype で家族会話を楽しんでいます。

　今後、またチャンスがあれば海外赴任をしてみたいと考えていますが、そうしたときに家族が海外生活を前向きに考えることができるのは、非常に大きなアドバンテージだと感じています。

プレゼンでウケを取るのは日本人の特技？ [自信を得たエピソード]

　なぜかはよくわかりませんが、プレゼンでウケを取るのは日本人の特技なのかもしれません。そして、たとえ英語力が回りより劣っていても、

Value based innovation
のポスター発表にて

ウケを取って親近感を持ってもらい、仲のよい友達をたくさんつくることに成功したのは大きな自信になりました。特に最初のオリエンテーション週間でまだ友達も少ない厳しい時期に、公式行事として各国の文化紹介プレゼンテーションがあり、そこで日本人2名でやった日本カルチャークイズが受けたときの嬉しさは今でも忘れられません。

閑静な学習環境、学内にもジャングルが［ここが自慢！］

　ナンヤン工科大学のユニークなポイントは、シンガポールという都市国家にありながら、その都会感を感じさせない西のはずれに位置しているロケーションでしょうか。学内にも所々ジャングルが生い茂っており、シンガポールというよりは熱帯の国に来たという感じです。そうした閑静な環境で勉学にいそしみながらも、小さな国ですから、電車に乗ってすぐに中心部にも出られます。

バラエティ豊かな食堂［学校生活］

　シンガポール人は基本的に自炊をしません。食事は「ホーカーセンター」と呼ばれるフードコートのような所で3食を食べるのがスタンダードです。多数の民族がミックスされている国家なのでバラエティも豊かで、1つのホーカーには中華、マレー、インド、タイ、インドネシア、韓国の各国料理と和食、洋食ストールくらいは普通にあります。価格も安いです（注意：街中のレストランは高いですが）。学校での食事もホーカーセンタースタイルの学食がメインでした。

クラスメートや先生に言われた
印象に残っている一言

　チームメンバーの一人が別のメンバーに言った"Can you translate what i said to him?" これは、ヒアリングが苦手な私に手を焼いたチームのあるメンバーが、別の私と仲が良いメンバーに対して、私に（英語で）伝えてほしいと頼んだ一言です。自分のリスニングが完全にコミュニケーションの障害になっていると分からせられた、非常にショックで、焦った言葉でした。今後そんなことを言われないよう、がんばろうと奮い立った言葉でもあります。

職場復帰後に希望のポジションを得るために ［卒業後］

　社費留学なので基本的に就職活動はありませんが、社内における就職活動はあるものです。私の場合は次の職場は人事部が最終判断をするのですが、自分が卒業後したい仕事をイメージして、実際に可能性がありそうな職場を思いめぐらすことは重要です。組織を知っているからこそ、次に目指すポジションを鮮明にイメージできるのは社費留学ならではかもしれません。MBA 在学中に自分のやりたい仕事もしばしば変わるものですし、会社そのものも短い留学中に意外と変化します。在学中にもときどき会社の人と情報交換をしながら、チャンスがあれば次にしたい仕事をしている人の話をきく（あわよくばアピールをする）、といったことはしていました。

これまでとは異なる仕事の仕方を身につける ［総括］

　MBA で学んだことは自分に非常に大きなメリットをもたらしていると感じています。昇進や昇給といった直接的なメリットはあまりなかったのですが、特にアジア圏のいろんな友人たちとチームを組んで仕事をしたことで、それまでとは違った仕事の仕方を身につけることができました。たとえば、彼らに仕事をしてもらうときスムーズに進みやすい指示の仕方は、日本人に対するやり方とはまったく異なっていました。そうした経験は実際に今後アジア圏で仕事をする際にも間違いなく活きると感じています。

未来のアジア MBA 生への応援メッセージ

　アジアには有望なマーケットもありますが、有望な人材もいっぱいいることが留学の経験を通じてわかりました。また、彼らの多くは日本や日本人に対して好意的なイメージを持ってくれており、日々の生活の上でも、一緒に勉強をする上でも、とてもフレンドリーなことが多いです。ビジネスでもビジネス外でも魅力的なアジアで MBA を目指す皆さんを心から応援申し上げます。

スケジュール

	1年目					2年目
	英語講座	秋 (8-10)	冬 (11-2)	春 (3-5)	夏休み	秋 (8-10)
(取得コース数)						
Core courses		4	3	3		
Elective courses			1	1	3	3
(時間配分)						
授業	40%	90%	60%	60%	80%	80%
クラブ活動	10%	10%	10%	10%		
語学	50%		30%	20%	10%	10%
旅行					10%	10%
ジャパントリップ				10%		

留学費用の内訳

	現地通貨（S$）	為替	円換算（万円）
学費	55,086	80	440.6
住居費	6,793	80	54.3
生活費	8,440	80	67.5
旅行			24.9
その他			39.4
合計			**626.8**

※すべて自己資金で負担

シンガポール経営大学 (SMU)
Singapore Management University

遠藤　寛之 Hiroyuki Endo
入学／卒業　2013年1月入学／2013年12月卒業
入学時年齢　35歳
留学前学歴　国際基督教大学教養学部卒業（専攻：美術）
職歴　　　　現職：アーキタイプ株式会社
　　　　　　前職：独立系コンサルティング会社
　　　　　　　　　日系資産運用会社
　　　　　　　　　監査法人系コンサルティング会社
　　　　　　　　　外資系コンサルティング会社
留学方法　　私費、妻帯
海外経験　　大学時代にアイルランドでの短期語学留学経験あり
IELTS　　　Overall 6.0 (L7.0/ R6.5/ W5.5/ S5.0)
GMAT　　　Total 640 (Q50/ V26/ AWA3.0)

妻の希望を叶えるために海外へ [選んだ理由]

　実は留学するほんの2年前まで、海外留学をしようとはまったく思っていませんでした。それが変わり始めたのは、妻と入籍をした頃でした。なぜなら彼女は石油元売会社で働いており、近い将来の希望としてシンガポール法人への異動を希望していたためです。当然ながら夫婦で別々に、しかも長期間にわたって暮らすことにはお互い大きな不安があり、また、彼女の仕事のフィールドではシンガポールの方が力を発揮できそうなことや、以前から彼女が言っていた海外で働いてみたいという希望を叶えるためにも、私が何らかの方法でシンガポールへ渡る必要があり、留学を決意しました。

　ということで、残念ながら他の方のように「アジアの成長性が……」とか「新興国で修行を……」といった格好良い理由ではありません。

勉強時間の確保に苦慮、不安で一杯の日々も [入学までの苦労]

　まず、コンサルティング会社という仕事の特性上、受験勉強をする時間をいかに確保するか、という問題は常にありました。私は英語が苦手な方だったので、基礎的な語彙力の構築や文法のおさらいなどから始

たのですが、業務の合間を縫って目に見えにくい地味な反復練習に多くの時間を割くことに対して非常に苦痛を感じていました。

また、語彙が少ないことでIELTSはもとよりGMATのQで使われている単語がわからず、初回受験時には日本語なら簡単に解ける問題を多く外してしまい、言いようのない徒労感と先行きへの不安感でいっぱいになったこともありました。

グローバルな視野に立った管理会計の授業　［印象的な授業①］

シンガポール経営大学（SMU）での授業で印象に残っているのは、欧州、北米、南米、アジアの各国の大学および大学院で教鞭をとってきたオランダ人教員による管理会計の授業です。グループ単位で課される課題を通して「意思決定のための管理会計」を実践するというものでした。

教授の各大陸での経験から、一つのフレームワークだけに頼ることの限界や、実際に各国ではどのように考えられているか、また各国のバックグラウンドの違いから生まれた差異とその影響についても解説があり、物事を背景から理解することの重要さを実感しました。毎週行われるグループワークやプレゼンテーションの量も印象的でしたが、それら一つ一つに丁寧にフィードバックを行う教授の誠実さや熱意に大きな驚きを感じました。教授には非常に感謝しています。

人生のためのリーダーシップ　［印象的な授業②］

米系コンサルティング会社で長く組織・人事コンサルティングを行なってきたアメリカ人教員による授業 "Leadership for Life" も印象的でした。ユーモアを忘れず、かつ熱い想いを持ち合わせる教員の講義からは非常に多くの気付きを得ることができました。

授業の中では、シンガポール企業のエグゼクティブをゲスト講師に招いて共同で行われる回もありました。シンガポール独特の感性や考え方を知ることができ、それをリーダーシップのフレームワークで捉えるとどのような意味を持つのか、といったことが語られ、興味深い内容でした。このようなコラボレーションによって得られる視点もこの授業の大きな魅力でした。

級友40人でバンコク研修旅行 [クラスメートとの思い出]

　学校のプログラムの一環として、参加を希望するフルタイムとパートタイムの学生、約40名でバンコクを1週間ほど訪問しました。企業訪問だけでなく水上マーケットや寺院を訪問するなど、普段とは違った場所と環境の中でクラスメート一人ひとりのさまざまな顔が見えてきたことは非常に印象深かったです。普段は意識しないような習慣の違い、嗜好の違いを目の当たりにすることはそれまでなかなかできなかったので、良い経験となりました。

苦手意識を乗り越えチームに貢献 [自信を得たエピソード]

　特に口頭でのコミュニケーションに苦手意識があったため、最初の学期にはなかなか意見を出せない、ディスカッションに入り込めない、意見を聞いてもらえないと強く感じていました。実際、私が意見を伝えることができず、まったく賛成できないような内容でグループワークが進んでしまったこともありました。

　しかし、あるグループワークで、私が疑問を持ったまま迎えた最終日の前日に発表内容について教員に指摘され、最終的に私が当初描いていたような内容に着地したことがありました。それは大きな自信につながりました。言葉を上手に話せるだけでなく、やはり話の内容が大切ですし、内容が良いだけでも不十分で、うまく伝えることも大切です。あくまでもその両面をグループで協力して追求することが重要なのであり、そこに自分も貢献できるという実感を得ることができました。

インターン経験をサポートするカリキュラム [ここが自慢！]

　SMUのMBAは1月に始まり、12月に終わる1年制のプログラムな

クラスメートや先生に言われた
印象に残っている一言

　何度かグループワークを一緒にやったマレーシア人の同級生から「いつも、どの教科にも一所懸命に、より良い成果を出そうと頑張っているよね」と言われた時には、照れると同時になかなか上手くいかなくても見てくれている人はいるんだと励みになりました。

何度も楽しんだ、
ローカルばかりの飲茶店

ので、2年制プログラムのような時間的余裕があまりありません。しかし同時に、インターンを行うことは非常に強く推奨されています。そのため、他校とは少し違ったカリキュラム構成になっています。

　まず1年を前半・後半に分割し、前期をコア科目、後期を選択科目へ振り分けます。そしてコア科目が平日昼間に行われます。ここまでは通常のプログラムと変わりません。ところが選択科目が中心となる後期の授業は、平日夜間と週末に行われるのです。これによって空いた平日昼間にインターンをやれ、というわけです。

入学直後から就職に向けて準備 [就職活動]

　私は私費留学だったため就職活動は自由に行えましたが、プログラムが1年であること、開始時期が他大学と違う（SMUは1月、NUSとNTUは夏）ことから、苦労も多かったと思います。1月に入学後、2月くらいからサマーインターンの情報収集と応募を始め、9月から現地のコンサルティング会社でインターンを行いました。入学当初はシンガポールでの就職も考えていましたが、8月頃に卒業後は日本で就職すると決めたため、その時点で書類の準備を始めて10月から人材紹介会社経由での応募を行いました。

当初の目的は実現。友人づくりは道半ば [総括]

　SMUの強みは、新しい施設・設備を備えており、シンガポールの中心部にあり、国家としてビジネス分野の中心的な存在として認めた大学であることです。逆に弱みは比較的小さなクラスサイズと歴史の短さに

よる同窓会組織の力不足にあるように思います。

　個人的には、そもそもの目的である「夫婦で同居するためにキャリアを中断しない形でシンガポールに合法的に滞在する」という目的は完全に果たすことができました。それ以外で取り組もうと考えていた「世界中の国に友人をつくり、違いを知り、上手くやっていく経験を得る」という目標については、想定通りアジア中心に多くの国に友人・知人ができましたが深く踏み込めてはおらず、道半ばといったところです。これについては友人として、またビジネスパートナーとして今後いっそう追求していけると考えています。

未来のアジア MBA 生への応援メッセージ

　米国には米国の、欧州には欧州の、日本には日本の良さがあります。盲目的に何かを信じるのでなく、「どのような生き方を望み、それには何が必要か考え、それをどうやって得ようと試みるか」、他人の意見を聞き、自分で考えた結果がどこかの国で経験を積むことであるなら、何も考えずに飛び込んでほしいと思います。

スケジュール

	1年目				
	1-2	3-4	4-5	6-7	7-11
(取得コース数)					
Core courses	3	3	3	2	
Elective courses				1	8
交換留学					
(時間配分)					
授業	80%	80%	80%	80%	35%
語学	5%				
インターン					35%
旅行	5%	5%	5%		5%
就職活動		5%	5%	10%	15%
妻との時間	10%	10%	10%	10%	10%

留学費用の内訳

	現地通貨（S$）	為替	円換算（万円）
学費	55,000	75	412.5
住居費	0	75	0.0
生活費	7,200	75	54.0
タイ研修旅行	2,500	75	18.7
旅行	5,000	75	37.5
就職活動	1,500	75	11.2
合計	**71,200**		**534.0**

※すべて自己資金で負担

MBA後、現地で就職
[シンガポール編]

シンガポール国立大学 MBA 卒業生　**河合 巧**

「東南アジアのビジネス」のリテラシーを持つ日本人人材に対する需要が拡大する。そう見込んだことが、私がシンガポールのMBAを選んだ最大の理由です。それまで一貫して東南アジアのビジネスにべったり関与し続けたことに加え、マクロ要素として、欧米や中国に比べて東南アジアは未開の新興市場として将来的な成長ポテンシャルが高く、東南アジアに関する専門性をさらに追求する狙いもありました。東南アジア留学は日本人にとってまだマイナーであり、差別化に繋がることも選んだ要因でした（欧米留学経験者は日本中に多数、私の職場にもゴロゴロいたため、欧米のMBAは早々に対象から外しました）。

MBA修了後にシンガポールで現地就職することにした背景は、東南アジア流のビジネスへの専門性を高め、シンガポールを軸に東南アジアにおける企業戦略に関与することが、キャリア戦略上、最良の選択肢と感じたからです。そもそも留学自体を海外生活に向けた布石ととらえ、当初からシンガポールや他の東南アジア諸国で就職することを想定していました。結果的にMBA修了直後から滞在することになりました。シンガポールは物価は高いものの生活インフラは整備されており、外国人として長期滞在することが容易な環境です。

Takumi Kawai
入学／卒業　2013 年 8 月卒業
入学時年齢　27 歳
留学前学歴　大阪大学工学部（専攻：精密科学）
職歴　　　　現職：多国籍コンサルティングファーム（シンガポール）
　　　　　　前職：経済産業省（対東南アジア投資促進）、M&A Advisory ファーム（対東アジア・東南アジア M&A）
留学方法　　私費、単身
海外経験　　東南アジア中心に 50 回出張、国外調整 5 年。フィリピンに 3 ヶ月短期留学経験あり。

就職活動は修了 5 ヶ月ほど前から開始、授業や交換留学と並行して学業の片手間に 3 ヶ月ほど行いました。MBA を 1 年で終える場合、学業と就職活動の両立は大変で、非常にインテンシブな日々に、体力的にかなりキツい時期でした。シンガポールの案件は主に現地エージェント、Linked-In を経由してアプローチ。実際に申し込んだのは 3 件、現職からのオファーが最初に出て条件も納得したため他の案件は中途辞退しました。当初は日本に戻ることも想定していたため、日本のエージェントの仲介のもと、10 社に申し込み、スカイプ面接や東京での面接も受け、結果的に東京のポジションでオファーも計数件いただくことができましたが、シンガポールに残ることを優先し、現職のコンサルティングファームのシンガポールのポジションを選びました。

現在は多国籍コンサルティングファームで東南アジアにおける企業戦略の支援に没頭しています。シンガポールのチャンギ空港をベースに、世界中から集まった様々な国籍の同僚と、東南アジアや南アジアを舞台に奔走しています。

MBA 修了後も、ビジネススクール側と様々な形で接点を持っています。キャリアサービスの方からコンサルティング業界を志望する現役 MBA 生を紹介され、業界説明や相談を行うことがある他、

業界ごとに卒業生と現役学生の懇親会も開かれています。仕事の関係でビジネススクールの教授に意見を聞いたり、逆に教授側から質問されることも多々あります。

東南アジアのビジネスに関する知識、および東南アジア各国の人材とのコネクション、この2つをMBAを通して築くことができました。知識に加え、特に後者のコネクションは、何か知りたいことがあればすぐ会えて、話ができたり、人を紹介してもらえたりと、今のコンサルティング業務においても大きな助けとなっています。

また、狭いシンガポールでは、物理的に学校とビジネスの距離が近く、在学中もビジネスパーソンと容易にコンタクトできる点もメリットです。私も実務の話を直接聞きたい際には、食事がてらにお話を伺いに頻繁に行っていました。同様の理由で、就職活動やインターンシップを講義と両立させることがシンガポールは簡単です。私の場合、朝9時から17時半までシンガポール中心部の会社でインターンシップをして、その後バスで学校に移動し18時からの講義を受ける、という生活をしていました。当初は想定していませんでしたが、こうした物理的な距離はとても大切な要素であり、かつシンガポールの特長でもあります。

シンガポールは日本や米国と違って、プロレベルのスポーツを観戦できる場所がなく、スポーツ愛好家としては寂しいのですが、それ以外に悪い所は見当たりません。だからこそシンガポールは日本人はじめ世界中の人を魅了する国なのかもしれません。

シンガポールMBAおよびコンサルティング業務を通じて、東南アジアのビジネス環境を見続けてきましたが、アジアMBAという選択は正しかったと確信しています。欧米MBAに比べて留学者数も認知度も低く、「前に倣え」的なマインドセットが通じない環境であり、留学時には大変な点も多々あります。しかし、開

拓者精神と創造力と自立心を抱いて、近くて遠い「東南アジア」というフロンティアを切開く冒険をするには非常に面白い環境です。卒業後も東南アジアビジネスの熱気に直に接している者として、東南アジアのジャングルに開拓者として飛び込める人材を心から待ち望んでいます。

インド商科大学院 (ISB)

Indian School of Business

宮形 洋平 Yohei Miyagata
入学／卒業 2012年4月入学／2013年4月卒業
入学時年齢 30歳
留学前学歴 早稲田大学社会科学部卒業
職歴 現職：日系ベンチャー 海外担当
前職：日系産業機器メーカー 国内担当
留学方法 私費・単身
海外経験 旅行程度

成長市場 × 日本人が少ないインドへ ［選んだ理由］

　私自身、最初はアメリカもしくはヨーロッパを考えていましたが、最終的にはインドを選択しました。「なぜインドにしたの？」とよく尋ねられますが、主な理由は2つありました。成長が期待できるマーケットであること、そしてあまり日本人が留学しないことです。MBAはただ経営理論を勉強するだけの場ではなくローカルの知識を吸収する機会と考えており、MBAは自分を差別化するいい機会と考えていましたので、できるだけその現地のノウハウを知っている人が少ない環境を選びました。アメリカの知識を持っている人は多くいると感じましたが、比較的インドに関してはまだ少ないですよね。

ポイントは差別化と明確な志望理由！ ［入学までの苦労］

　私は退職後1年間MBA準備に充てましたが、退職前まで何も受験の準備をしていなかったため、英語に関してはかなり時間を使いました。TOEFLは100点が目安と学校から聞いていたのですが、それをクリアするのに10回ほどテストを受けました。

　TOEFLに時間を使ったおかげでGMATの準備もままならず、最終的にスコア600ほどで出願という結果に。学校の平均GMATスコア (710) を下回ることは事前に予測できたので、前もって学校側とコンタクトを取って印象付けたり、面接でも他のアプリカントにはできないことをやろうと考え、パワーポイントで自分に関する資料をつくったり、またい

学内カフェでのグループワークのひとこま（キャンパスでは無線 LAN にアクセス可能です）

くつか小道具を準備していきました。エッセーと面接に関しては、まわりとの差別化ができ、なぜ MBA（とその学校）で学びたいのかを明確に表現できれば、それだけで十分と感じました。

タタ・ナノはなぜ失敗したのか ［印象的な授業①］

インド商科大学（ISB）の約 40〜50% の授業はインドのケースを扱います。"Competitive Strategy" の授業でも多くのインドのケースを扱いました。記憶に強く残っているのが「タタ・ナノはなぜ失敗したのか」というケースです。タタ自動車の「ナノ」は発売当時約 25 万円前後の自動車であり、超低価格車として日本でも大きな話題になりました。このケースを盛り上げてくれたのがクラスメートです。私の隣の席にはナノの開発に関わったエンジニア、反対側にはマーケティングに携わった人がいたのです。お互いがお互いを失敗の理由と考えていてそこから議論が始まり、いつも通りクラスを巻き込んでの議論になりました。クラスメートのほとんどがインドでキャリアを積んでおり、どのインドのケースでも誰かが関係しているので、どの授業でも非常に具体的な議論があったと記憶に残っています。

世界最大の BOP マーケットに挑む ［印象的な授業②］

インドではその巨大な人口の 80% が農村に住んでいます。収入は都市部に比べるとかなり低いのですが、世界最大の BOP（低所得者）マーケットということで多くのインド系だけでなく外資系メーカーにとって主戦場となりつつあります。"Rural Marketing" の授業では、まず理論を

勉強した後に、実際にグループで農村を訪れマーケティングリサーチを行い、それに基づいてビジネスプランをプレゼンという内容でした。実際に農村を訪れてみると新しい発見ばかりでした。たとえば、商品の使用方法が都市部とまったく異なることや、農村のコミュニティの影響力が非常に強いこと。また商品の販売方法も、小分けで売ったりリース方式にするなど、都市部とは異なるニーズが存在しました。学内でも人気の授業です。

インド人は議論好き！ 刺激的な寮生活 [クラスメートとの思い出]

　学生は全員、学内の寮に住むことが義務づけられているのですが、この寮生活が私のMBAの記憶のほとんどをしめています。寮は4つの個室と1つのリビングという間取りで、3人の現地学生とシェアしていました。毎晩お互い頭を抱えながら宿題やプレゼンの準備をしたり、夜中に夜食を食べに外出したりなど、いまだに鮮明に覚えています。またほとんどの授業でグループワークを課されるのですが、さすが議論好きなお国柄、延々と夜中までディスカッションが続きます。

　MBAでの学びの多くはクラスメートからであったといっても過言ではないと思います。

自分にしかできないことを探す [自信を得たエピソード]

　ほとんどのクラスで外国人は私1人だけ、あとはローカルのインド人です。そして英語ネイティブでないのも私だけ。さらにMBAの授業の大半は数学に近いと思いますが、私は文系出身で、インド人はほとん

図書館内のミーティングルームにて（深夜まで議論が続くことも）

どエンジニア出身。そんな中で最初は自分の色をどう出すかに苦労しました。私しかできないものは何だろうと考えた結果、日本のマーケット・視点で話せる存在だということ、また答えが明確でない状況で答えを出すということでした（私の印象では、答えが明確に出るものには非常に強いですが、曖昧なものには躊躇する人が多いと感じました）。自分の武器を見つけること、そしてそれを継続することがクラスでポジションを得ていくために必要だと感じました。

インドに特化。コンサルティング業界に強い！［学校の強み］

他の学校に比べてインドに特化していることが一番のポイントです。他の学生はほとんどローカルのインド人、そしてケースも大半はインドのケースを扱います。また BOP ビジネスや IT、ソフトウェアに関しては最先端の理論とケースが学べると思います。また学校としてコンサルティング業界への就職に非常に強いため（各社がキャンパスにリクルーティングに来ます）、コンサル志望の方には良い選択肢でしょう。

インド勤務を追求。海外勤務志望なら早めの対策を［就職活動］

4月の卒業式までインドにいましたので、在学中はスカイプで、帰国後は実際に訪問して就職活動を進めました。活動期間は2〜5月の4ヶ月です。業種・職種にこだわりなくインド勤務を念頭において活動していましたが、インドの現地求人は現地採用が多く駐在員としての採用がほとんどないため、日本発のポストを中心に探しました。しかし日本発の求人でもインド勤務という求人はほとんどなく、気がつけば一般的な MBA 生の就職活動を行い、結果的に MBA 採用枠を中心に東京勤務の内定を4社からいただきました。

クラスメートや先生に言われた
印象に残っている一言

「君たちはこれまで結果を出すことにこだわり、そして生き急いできたと思います。この一年間は再度、君たちにとって何が大切なのか、これからどうやって社会に貢献していくのかを考えるいい機会になることを祈っています」──入学初日の学長からの言葉です。

しかし、ふと何のためにインド留学したのかと考え、再度インドでのポストを探しました。最終的にベンチャー企業でインドのポストがあったためそこに決定しました。もし日本以外のロケーションでの勤務を考えているならば、あまり募集がないので、プライベートなネットワークを構築するなど、入学直後から動くべきかもしれません。

ここでの学びはインドビジネスに必ず活きる！[総括]

　学年で純粋な外国人学生は3人（私とスペイン人2人）でしたので、学内の雰囲気はまさにインドでした。インドにフォーカスしている学校を探しているならばISBは良い選択肢になるでしょうが、国際的な雰囲気を求めるのならば必ずしもISBである必要はないと思います。またMBAのネットワークはインド国内であれば非常に有用です。ほとんどの都市・業種に卒業生が散らばっており、ISB卒業生というだけで話を聞いてくれる環境が整っています。また各主要都市に同窓会があり、オンラインでの卒業生コミュニティの活動も盛んです。

　授業ではインドのケースを多く扱い、インドでのビジネスのルールや起こりうる問題が頭に入りますので、インドでビジネスを始めるならばベストな環境でしょう。人的ネットワークや授業での学びも大切ですが、1年間現地の人々に囲まれてインドに住み、インドの空気感を知っていることが、インドビジネスに最も役立つのではないかと思います。

未来のアジアMBA生への応援メッセージ

　これからアジアマーケットも欧米と並び、非常に重要な場所になると思います。MBAは現地のノウハウを学べるいい機会だと思いますので、アジアで活動していきたい！　という方に「アジアでMBA」は有意義な時間になると思います。

スケジュール　※1年制プログラム、4月〜4月

Term	1	2	3	4	5	6	7	8
Core courses	4	4	4	4				
Elective courses					4	4	4	4
(時間配分)								
授業	90%	90%	60%	70%	60%	80%	70%	70%
クラブ活動	10%	10%	10%	10%	10%	10%	10%	10%
インターン			20%	20%	30%			
旅行						10%	10%	10%
ビジネスコンテスト				10%				
就職活動							10%	10%

＊欧米を中心に約100校交換留学先ありますが、私は参加せず。
＊3/4/5Termが最も時間的に厳しかった記憶があります。授業と宿題に必要な時間は変わらないのですが、インターンなど他に時間を割く項目が増えたので。
＊各ターム間に3−4日の休み。4−5タームの間には2週間ほどの休みがあります。
＊インターンを授業と並行して行うため、この学期間の休みをほとんどインターンに使いました。

留学費用の内訳

	現地通貨（$）	為替	円換算（万円）
学費	45,000	80	360.0
住居費	0		0
食費／生活費	2,400	80	19.2
旅行費	2,000	80	16.0
合計	**49,400**		**395.2**

※1年制プログラム。
※キャンパス内学生寮のため住居費はなし（学費に含まれています）。
※学校から無償奨学金80万円。他はすべて前職時の貯金で賄いました。

ソウル大学校 (SNU)
Seoul National University Graduate School of Business

大山 竜児 Ryuji Oyama
入学／卒業　2011年9月入学／2012年7月卒業
入学時年齢　33歳
留学前学歴　東京大学公共政策大学院修了（専攻：国際公共政策）
　　　　　　慶應義塾大学法学部卒業
職歴　　　　現職：エスアンドエルコーポレーション 経営企画部
　　　　　　前職：三菱商事株式会社 情報産業グループ 通信放送本部
　　　　　　通信事業ユニット
留学方法　　社費、単身
海外経験　　MBA前中学・高校時代、オーストラリアに6年間留学
TOEFL　　 Total 110 (L29/ R30/ S23/ W28)
GMAT　　　Total 710 (Q49/ V38/ AWA6.0)

韓国MBAなら学費ゼロの可能性も大いにあり！ [選んだ理由]

　MBAを取得するビジネスマンは増えており、世界的な潮流としてはMBAを持たない経営幹部の方が今後、圧倒的に少数派になってくると思いますが、MBA留学と言えば、欧米のビジネススクール、もっと言えばビジネススクールの成立と発展の歴史からも、アメリカのビジネススクールを想像される方が多いと思います。現実として、アジアのビジネススクールでの教壇で教鞭を取る教授陣も、欧米のビジネススクールの出身でほぼ占められていると思います。

　しかし、日本人にとっては、渡航や滞在費用、2年制ではなく1年制のコースもあるなど、アジアのビジネススクールにも利点が多いように感じます。アジアのMBAは、知名度や実績では劣るものの、奨学金の受給可能性や卒業後の進路に、日本人としての希少価値が期待できます。ここだけの話、私費の外国人留学生の大半は授業料の免除もしくは減免を受けていました。

　私が韓国のソウル大学校を選んだ理由は、ひとえに他者との差別化 (differentiation) にあります。中国のMBAも検討しましたが、日本人留学生が急増していることを踏まえ、あえて今のトレンドに逆らっての学

清潔感のあるMBA
専用校舎

校選びをしました。結局のところ、他人と同じことをしても、なかなか差別化に結び付かず、就職や出世競争で苦労するのではないかと考えたのです。

　韓国のビジネススクールでは、日本で言う東大に似たソウル大学校、東工大に似たKorean Advanced Institute of Technology（KAIST）、慶大に似た延世大学のMBAが御三家として認知されています。その中で、ソウル市内という地理的条件からソウル大学校と延世大学の2つに絞り、どちらも甲乙付けがたかったのですが、最終的に国立のソウル大学校を選択しました。

仕事と勉強の両立が一番大変 ［入学までの苦労］

　私は社会人になった後のMBA留学でしたので、やはり仕事と勉強の両立が一番大変でした。ストレスで体重が10キロも増えましたが、中学と高校時代に海外留学していたので、TOEFLやGMATの勉強に関しては他の方よりも恵まれていたと思います。

意外に手厚い学生への支援 ［学校生活］

　私が入学したGlobal MBA課程は、すべての授業が英語で行われるので、韓国語をまったく話せない私でも生活上の不便は多少あったものの、本来のMBAのカリキュラムに専念することができました。韓国は国内市場が限られることもあり、輸出中心型の経済になっており、学生の海

ソウル大学校（SNU） | 159

外留学熱が日本よりも高いようです。幼少のときから海外の中学や高校に留学する学生も多いようで、そういった帰国組の同級生が多いのも特徴的です。欧米で MBA を勉強するわけではないですが、欧米での生活経験が豊富な同級生ができたのもうれしく、心強かったです。また同じアジア人同士ということで、私がアメリカの大学院に留学したときより、学生同士で仲良くなるのも早いように感じました。

　韓国語については、ソウル大学院の語学堂で韓国語の授業を無償で受けることも可能ですし、韓国語の話せる場合には、韓国語による MBA 本科もあります。また、MBA につきものの統計などの計数ですが、これも本科の授業が始まる 2 週間ほど前から、任意ですが短期の速習コースがありますので、計数に苦手意識のある学生は履修をおすすめします。また、入学後すぐに冬季オリンピックが開催される平昌（ピョンチャン）でオリエンテーションを兼ねた 1 泊 2 日の合宿がありました。しっかり登山や BBQ などの交流イベントも行われ、宿泊費や交通費も含め、すべて無料でした。

　大学の授業の他にも生徒会に、ディベート部や、ビジネス研究会など、クラブ活動には学校からの補助もでるということもあり、活発に行われていました。私の所属したディベート部は、梨花女子大学（！）の国際学大学院と合同ディベート大会を定期的に開催しました。授業やクラブ活動後、夏は暑いのでビール、冬は寒いので焼酎と、学生同士でお酒をよく飲む機会もありましたが、韓国は儒教の伝統が残っているせいか、上下関係に厳しいところが散見されました。目上の人の前ではタバコを吸うときに気を使うとか、ありがたい一面もある一方、先輩が後輩と飲酒の場合は、年長者がすべて支払って当たり前といった雰囲気も残っています。

必修科目が多い授業構成 ［印象的な授業］

　肝心の授業ですが、1 年制のコース（※いまは 18 ヶ月）のため、最初は必修科目しかありません。逆に言えば、最初は皆が同じコースを履修するため、学生同士で打ち解け合うのも早いです。その後の選択科目では、イエール大学、ニューヨーク大学、デューク大学などから招聘教授が授業をもっぱら担当し、他校での教育事情などを知る機会にも恵まれました。

授業後も和気あいあい

　個人的には、「韓国ビジネス研究」という地場の企業の成長戦略に注目した授業が一番おもしろかったです。国立大学ならでの知名度を活かし、数多くの企業訪問をすることができ、経営者や社員とコミュニケーションを取ることができるのは、得難い経験だと思います。私のときには、サムソン電子といった大企業だけでなく、日本でも知名度のあるカカオトークといったベンチャー企業を訪問できたことが大いに刺激になりました。韓国は財閥による経済支配がよくメディアなどでも問題視されるのですが、大企業の社員であっても終身雇用が絶対というわけでなく、実力主義の出世競争の結果、40代で肩たたきにあうことも珍しくありません。そのため、寄れば大樹的な発想をする学生もいるものの、若年者だけでなく、中高年からの起業も多く、結果として産業ダイナミズムを生み出す要因になっています。

　ソウル大学校は海外の提携大学も多く、交換留学のプログラムも充実していました。入学当初は考えていませんでしたが、私もフランスはパリにあるESSECビジネススクールに交換留学しました。結果として、とても実りある、楽しいパリ滞在をすることができました。

日本人留学生の「先駆者」として [現地の生活]

　私は2011年の入学でしたが、交換留学でない正規のMBA留学生としての日本人は私が第1号と言われ、今後の模範にならなくてはならないとプレッシャーにも感じましたが、先駆者となることができ、うれしく思いました。韓国は、食事や生活面でも、似ているようで細かな違

いが多くありましたが、環境に適応するにも他の国より容易で、文化の違いは違いとして、新たな経験として楽しむことができたと思います。

想像通り卒業の就職活動は大変 ［卒業後］

　卒業の進路ですが、私は社費留学でしたので就職活動は行いませんでした。多くの同級生が入学前とは違う業種へ、入学前よりよい条件で就職していましたが、卒業間近まで就職先が見つからない同級生がいたのも事実です。基本的に通年採用を行っている企業が多いようですが、企業によっては特定の時期にしか採用をしていない企業もあるようです。卒業が近くなると、大学院の就職課が学生のレジャメ（履歴書）をとりまとめ、企業やヘッドハンターなどへ送付してくれます。そのレジャメを企業の採用担当者が見て、直接一本釣りということも多々あるようです。なぜか私にもヘッドハンターや企業の採用担当から、就職の意思がないかと連絡をいただきました。授業は英語なので、韓国語が話せなくても問題ないのですが、いざ就職となれば多少の韓国語はできないと難しいだろうという雰囲気はありました。もっとも、韓国語が全然話せないで就職できたクラスメイトもいましたが、化学会社による理系採用で、特殊なケースかもしれません。

未来のアジアMBA生への応援メッセージ

　苦楽を共にするクラスメイトとの付き合いは一生ものですし、特に異国で人脈を構築する上で、MBAはもってこいだと思います。ただ、それを卒業した後に活かせるかどうかは、本人次第だと思います。私自身は、MBAは勉強であると同時に社交と考えていましたので、勉強以外にも本当にいろいろな経験をすることができました。西洋人と東洋人では生活スタイルや価値観に大きな違いがあります。その大きな違いを乗り越えることによる発見もたくさんあると思いますが、まずは己を知り、遠きではなく近くの隣人との理解を深めることにも意義はあると思います。願わくば、ステレオタイプなイメージで安易に留学先を決めるのではなく、自分の性格を知った上で、できるだけ人と違う「人生という名の冒険」に、果敢に取り組まれることを願ってやみません。ぜひ、自分にしかできないMBA留学を見つけてください。

スケジュール

	1年目				2年目		
	秋(9-11)	冬(12-2)	春(3-6)	夏休み	秋(9-11)	冬(12-2)	春(3-6)
(取得コース数)							
Core courses	7	4	2				
Elective courses		2	4		7	6	2
交換留学					ESSEC		
(時間配分)							
授業	90%	80%	60%		40%	30%	
クラブ活動	10%	10%	10%		10%		
語学		10%	10%	10%	20%	20%	20%
インターン				50%			
旅行				40%	10%		10%
コンサルPJ			10%				
ジャパントリップ			10%				
ビジネスコンテスト					20%		
就職活動						50%	
卒論							70%

※ 2011年当時のもの。この後、標準修了年限が12ヶ月から18ヶ月に変更された。

留学費用の内訳

	現地通貨（万ウォン）	為替	円換算（万円）
学費	4,000	0.075	300.0
住居費	600	0.075	45.0
生活費	600	0.075	45.0
現地語学費	120	0.075	9.0
旅行	100	0.075	7.5
就職活動	0		0
合計	**5,420**		**406.5**

※社費留学

社費で行く
アジア MBA ②

香港科技大学 MBA 卒業生　**斉藤 基**

私は、所属先の会社より海外派遣留学生として香港科技大学(HKUST) MBA に留学しました。交換留学としてインド商科大学院（ISB）でも1学期学びました。ここでは社費留学生という立場にフォーカスして私の経験をお話ししたいと思います。

社費留学に応募した理由

社費留学生の選考に応募した最初の動機は、決してポジティブなものではありません。この先日本だけで今の業務を続けることは難しいだろうという漠然とした不安と、世界におけるビジネスの共通言語の習得と国際経験の少なさの克服を一気に遂げるのに、1〜2年の MBA 留学は非常に手っ取り早い、と考えたのです。正直、MBA で経営学を学びたいという動機は小さかったです。必要な経営学の知識は書籍で学べるし、もっと短期で効率的な研修も国内にはいっぱいあるからです。漠然としていますが、要は、短期間で自分自身のグローバル化を図る、世界の中での自分のポジショニングを測る、というのが動機でした。

2度目の応募で社内選抜に合格

私は2回目の応募で会社の派遣留学制度に合格しました。1回目

Motoki Saito
入学／卒業　2012年1月卒業
入学時年齢　34歳
留学前学歴　慶應義塾大学経済学部経済学科卒業
職歴　　　　現職：Nomura Research Institute Asia Pacific Pte Ltd（出向中）
　　　　　　前職：株式会社野村総合研究所
留学方法　　社費、単身
海外経験　　幼少時代4年間エジプトに滞在（ただし、日本人学校）、学生時代3ヶ月間アメリカ・ニューヨーク州にて語学留学、在職時に上海で半年間のプロジェクト経験、シンガポールに1年間駐在。現在、2回目のシンガポール駐在中

は米国留学を基本線に「学問による専門性の向上」、「研究による新サービスの創出」を志望動機として応募しましたが、「君でなければならないという目新しさがない」「日本にいてもやりたいことはできるのでは？」と厳しく問い返され不合格となりました。

2年後に再度応募し、当時ほとんど志望者のいなかったアジアMBAへの留学を前提に、「当社アジア事業の発展に向けた人脈構築」、「アジア文化・ビジネス知識の習得」を志望動機とし、会社の事業戦略との整合性と、他の応募者との差別化を意識。候補生に選抜されました。当時33歳で、初回の応募の時より組織への貢献意識も高く、応募に際して自信を持って組織への成果の還元を語ることができたのも良かったのかもしれません。

今思えば、志望校に合格するのと同様かそれ以上に、派遣留学生に選抜されるのはハードルが高かったように思います。部長、本部長から推薦をもらう必要がある上、志望動機をしっかりと練り、自分の留学が組織にとって有益であるということを明確に示す必要があります。なお、このプロセスは留学後にも活きてくると思います。このとき自社の事業にどう貢献するかを考え抜いたからこそ、現在の業務で留学中の経験・人脈を大いに役立てられていると感じています。

社費留学の投資対効果

社費留学は投資に見合うものなのか？ 人それぞれで目的や状況が異なるため一概には言えませんが、社費でMBA留学することの定量面と定性面での効果を考えてみましょう。

まず定量効果、投資（学費、生活費、機会損失）に見合うリターンが得られるのかを考えてみます。社費留学の場合、学費や生活費への投資は会社から補助がある場合が多いため、考慮すべきは主に機会損失です。つまり、留学期間中に成し遂げられたであろう業績に基づく会社内での昇進機会、留学中・卒業後数年間（一般的に5年）の転職機会の損失です。日本の会社では留学中は昇進が止まる例もあります。一方、某コンサルティング会社から社費留学していたドイツ人クラスメートは、MBA取得後は昇進が約束されていると言っていました（逆に取らないと昇進が遅れる）。

日本企業の場合、社費留学生＝幹部候補生というロジックは必ずしも成立しないのが現状でしょう。一概には言えませんが、MBAで得た知識や人脈を十分に発揮させるというより、語学留学の延長と捉えられたり、他社員へのアナウンス効果や、優秀社員への報奨的なものと捉えている会社も多いのではないでしょうか。

私は先輩に、「30代前半〜中盤は最も仕事が楽しく能力も伸びる時期なのに、1年半もキャリアに穴を開けるのはもったいない」と言われたことがあります。そうした一面はあるかもしれません。もっとも、20代で留学してもキャリアには穴が開きますし、社費で行く以上キャリアチェンジ／アップはあまり期待できないわけで、結局どのタイミングで行っても大差ない気もします。「高い業績を上げて同僚より早く昇進」という観点での機会損失はあったかもしれませんが、留学で得たことに比べれば些細なことであり、卒業後に十分に取り返せるレベルだと思います。

定性効果は人によってまちまちでしょうが、
- MBA（経営学修士）の学歴／経営学全般の知識
- 英語でのコミュニケーション／ファシリテーション／チームマネジメント力の向上
- 異文化体験／世界中のエリートたちと学問をやり抜いた自信
- 留学中に知り合った同級生、卒業生、企業家、友人たちとのアジア・世界中に広がるネットワーク

などが挙げられるかと思います。これを見て、人生・キャリアにおいて MBA 留学は無意味だと言う方はいないでしょう。定性的に見れば MBA 留学は間違いなくプラスです。

社費留学生の制約

制約というと大げさですが、社費留学生は就職先の心配をしなくても良い／財政面でのベネフィットがある反面、一般的に以下の制約があります。

就職活動ができない……会社派遣で来ている以上、MBA を活用したキャリアアップ／チェンジを目指した就職活動は禁止されます。もちろん会社説明会や就職イベントなどに参加することは可能ですが、他の真剣な同級生たちに比べ「雰囲気を味わう」レベルに留まってしまうことは否めません。自分の世界の中での市場価値を測る貴重な機会を得られないのは残念なことではあります。

インターンシップ（先）が制限される……会社によって禁止されないケースもあるようですが、基本的にインターンシップは就職への登竜門です。枠も限られているため、真剣に就職活動を行う同級生を思えば、非営利組織でのボランティア等を除けば、社費留学生は原則、遠慮すべきではないかと思います。私のケースでもインターンシップは原則禁止でした。ただし、長い夏休みを無為に過ごさないよう、大学の教授が立ち上げたベンチャー企業の

ビジネスプラン作成を無償でサポートしたり、北京の中国語の短期語学研修に参加したりと、キャリアアップに有益な時間を過ごすよう心がけました。

交換留学（先）が制限される……これも会社によるでしょうが、原則、社費留学制度は社内研修制度と同等の扱いです。したがって交換留学先の選択も個人の志向より会社への貢献が重視されます。私の場合も、交換留学は理由が明確でない限り原則認められていませんでした。ただし、将来アジアビジネスを行う上での文化・知識の習得と人脈づくりが私の海外派遣留学の主目的でしたので、会社側と協議の結果、インド商科大学院への交換留学を許可してもらいました。くどいようですが社費留学生である以上、留学中に得た成果を卒業後にどう会社に還元するかが何をするにも重視されます。

卒業後一定期間は会社を退社できない……一般的に、留学から戻った後、数年間（日本の会社だと一般的に5年程度）は原則会社を退職することができません。会社からすると一人の社員に大きな投資をするわけですから当然の話ですが、社費留学生のもっとも大きな制約と言えるでしょう。最近は、会社への帰属意識が高く、組織への理解度も高い、ある程度キャリアを積んだ30代の中堅社員を派遣するケースが増えています。20代の5年間と比べ、30代中盤以降の5年間の拘束は将来キャリアの選択肢への影響が大きいため、社費留学への応募にあたっては、この制約を軽く見ず熟考することをおすすめします。

ポスト社費 MBA

私は、卒業後、日本で数ヶ月を過ごした後、所属企業のシンガポール拠点に赴任となり、現在も勤務しています。シンガポールという土地柄、同僚・部下は非常に多国籍であり、また、担当する業務エリアもアジア全域に及ぶため、留学中の経験や人脈はチーム

マネジメントや情報収集、人脈拡大に大いに役立っています。

ネットワークの活用……アジア MBA の特徴として、欧米人含め、多くの同級生は卒業後もアジアに在留しています（そもそもアジアの将来に魅力を感じてアジア MBA に留学する生徒が多いため）。そのため、同級生とのネットワーク維持は比較的容易ですし、同級生・友人がアジア各国に散らばっており、アジアビジネスを行う上での情報収集や人脈拡大には一定の成果をもたらしています。反面、アジアのビジネススクールは比較的歴史が浅く、トップマネジメントレベルの卒業生は少ないです。世界規模で見た場合の卒業生ネットワークの質・量は、欧米トップスクールに比較するとまだまだ貧弱と言わざるを得ないでしょう。

知識・経験の活用……私の場合は留学時の年齢（キャリア年次）が高かったこともあり、一部で得た気付きを除けば、「知識面」での効用はそれほど感じていません。しかし、多国籍チームをマネジメントするにあたり、各国のエリートたちと対等に渡り合った経験は、他では得がたい財産であり、現在のマネジメントスタイルに大きな影響をもたらしています。また、世界中の人材との相互作用を通じて、世界の中での自分のポジショニング、具体的には業務遂行力（自分が得意なこと／苦手なこと）や性格面の特徴（良い部分／悪い部分）をかなり正確に把握できるようになり、「井の中の蛙、大海を知らず」の状態から一歩抜け出せたと感じています。正確な「自己認識」は、世界中のどこに行ってもやっていける、どんな国のビジネスマンとも渡り合えるという自信の裏づけとなっています。

中国語でMBA

上海交通大学安泰経済与管理学院 MBA 卒業生　**明石 光代**

2013年暮れの"論文答弁（論文の質疑応答）"も無事通過し、晴れて上海交通大学MBAの学位を取得することができました。たいへんおこがましいですが、私の体験をお話しさせていただきます。

初めに私のバックグラウンドをご紹介します。私は3歳からピアノを始め、東京音楽大学のピアノ科を卒業後、約2年間の就業期間を経て、北京師範大学芸術学部音楽科の修士課程を卒業しました。一度は日本に戻ることも考えましたが、将来を考え、働きながらMBAの学位取得を目指すことにしました。もっとも、それまで音楽しか学んでこなかったのでMBAについて詳しく把握しておらず、漠然と経済学や経営学等を幅広く学べるお得なコースだと勘違いし、働きながら2年半勉強するだけで簡単に学位が取得できると考えていました。まさに"怖いもの知らず"でした。

上海交通大学を選んだ理由は、①中国で唯一3つのMBA国際認証を保持している大学で、優秀な先生の授業を受けることができ、かつ優秀な学生が集まってくる、②1学年約500人の生徒がおり多種多様な職業の方と人脈を築ける、③他大学に比べて立地条件が良いので、17時45分に会社を退勤した後でも通える、の3つです。中国人と対等に討論したいと思い、中国語コースを選択しました。彼らの母国語で授業を受け、現代中国の理解をさらに

Teruyo Akashi
入学／卒業　2014 年 5 月卒業
入学時年齢　29 歳
留学前学歴　東京音楽大学卒業（専攻：ピアノ）
　　　　　　北京師範大学修士課程修了（専攻：音楽理論）
職歴　　　　前職：日系家電メーカー（上海）
留学方法　　私費
海外経験　　MBA 前に北京師範大学修士課程修了

深め、将来に渡って交流できる友人を作りたいと思いました。

授業は平日夜 18 時半から 22 時（週 2 日程度）、休日は朝 8 時半から 16 時半まで行われました。1 科目の授業回数は 8 回（週）で、9 週目にテストがありました。生徒は皆働いていますので、普段は復習する時間が取れません。そのため、テストの前日になると学校に集まってノートを見せ合い、お互いにわからないところを教え合いました。このときの団結力は素晴らしく、「クラス全員でテストを通過しよう！」と心が一つになりました。

授業の内容としては、主に働きながら学ぶ中国人学生を対象としていますので、たとえば"中国社会与中国管理"（中国社会と中国管理）といった、中国社会で勝ち抜くための知恵を身に着けさせる授業がありました。この授業では、担当の教授が地方から出てきていかにして上海の戸籍を取得し現在の地位まで上り詰めたか、上海の戸籍を取得する前後で生活にどれほど差があるか、といったことが語られました。日本人の私には想像もつかなかった、中国における"戸籍"と"人生"の深い結びつきを知りました。その他、"黄帝内径与健康管理"（中国四大医学書の一つと健康管理）という選択科目もあり、著名な医者から直々に中医学の指導を受けることができ、自分の体質改善の必要性を感じました。

中国語で MBA　　171

同級生には中国国営企業や外資系企業の若手幹部（30〜40歳前後）が多く在籍しているので、将来の中国を担うであろう優れた人材と知り合うことができました。クラスにもよりますが、年に数回旅行に行ったり、パーティーを開いたりして親睦を深めました。女性の同級生の中には、在学中に出産し母親になる人もいましたが、学業と仕事を軽々と両立させていました。彼女たちはテストが続き大変なときでも弱音を吐かずに「子供ができて、ますます頑張ろうと思えるようになってきた」と、活き活きとしていました。このようなパワフルな女性との交流は、とても良い刺激になりました。

入学前は中国に関する情報をマスコミから得ていましたが、あえて中国語MBAに入って同級生と討論することで、中国の現状や中国人の思考などを身近な話題として、深く理解することが可能になりました。また中国語MBAには外国人が少ないので、多くの中国人学生に私の存在を知ってもらうことができました。私が校内にいると誰かが必ず声をかけてくれて、勉強や生活で困っていることはないかと気遣ってくれました。さまざまなビジネスのお話もいただいたので、今後はそれをいかに活かして、自分の人生を豊かにしていくかを考えたいと思います。また、将来音楽教室を経営したいので、ここで学んだ人材育成や組織行動学の知識をもとに、引き続き研究していきたいと思います。

在学中の2年半、日中関係は常に緊張していました。特に毎年9月18日が近付くとデモが各地で行われたので、一部の同級生の心ない発言で教室にいづらくなったこともありました。しかし理解のある教授や同級生に支えられて、なんとか乗り越えることができました。もし上海で働きながらMBA取得をお考えなのであれば、ぜひ上海交通大学にチャレンジしてみてください。新しいビジネスチャンスと素晴らしい教授と友人に出会えると思います。

Part III

学校情報

清華大学経済管理学院 (Tsinghua SEM)
Tsinghua University School of Economics and Management

創設者：ZHU Rongji
設立：1984 年
キャンパス：北京
MBA オフィス：北京
言語：中国語、英語
期間：21 ヶ月
授業料：19 万 8000 元
宿泊施設：キャンパス内外
生活費（月間）：4200 元

グローバルランキング

清華大学 School of Economics and Management ("SEM") は中国大陸の中で、AACSB 及び EQUIS 認証を獲得した最初の MBA です。また、清華大学 MBA プログラムは、雑誌 "Manager" で 2004 年以来ランキング 1 位を獲得し続けており、さらに 2012 年には QQ.NET による "Top Ten Business Schools"、Sina Education による "Most Popular MBA Programs by Employers"、Netease による top ten business schools"Gold Wing" 賞、エコノミスト誌による 5 out of top 10 "Outstanding Papers" が贈られました。

教授陣

清華大学 SEM は世界的に有名な教授陣を擁しており、彼らの多くは海外の名門校において経営者に授業を行ったり指導を行ったりした経験もあります。さらに、当校は幅広い経験を積んだ経営者を Global MBA プログラムコースにお招きし、学生に対して経営者や専門家から豊富な成功体験を学ぶ機会を提供しています。

- 157 名のフルタイム教授陣
- China's One-Thousand-Talents Scheme に選出された教授 4 名
- Cheung Kong Scholars Program of the Ministry of Education に選出された教授 7 名
- National Natural Science Foundation によって Distinguished Young Scholars of China に選出された教授 8 名
- Global MBA コアコースを教えるすべての教授が海外経験あり

研究センター発行ケース数

211

コアコース／選択コース

- Soft-Skills Module
- Analytical Foundation Module
- Management Fundamentals Module
- China and the World Module
- Electives (9 Tracks)
- MIT Courses & Lectures

卒業生ネットワーク

清華大学卒業生は、中国政府、ビジネス界、学問分野、及び世界の重要組織において多大なる影響力があります。代表例としては、ノーベル物理学賞受賞者の楊振寧（Chen-Ning Yang）と李政道（Tsung-Dao Lee）、国家主席の習近平（Xi Jinping）、前国家主席の胡錦濤（Hu Jintao）、全国代表人民大会党務委員長の呉邦国（Wu Bangguo）、元首相の朱鎔基（Zhu Rongji）がいます。

また、清華大学 MBA 卒業生協会は、業界・卒業年度・国や地域に応じてそれぞれの支部・クラブを設立しており、多くの卒業生イベント、オンライン卒業生プラットフォーム、メンタープログラムを通し、卒業生に対し幅広いネットワークや将来キャリア設計の機会を提供しています。
- 清華大学卒業生：19 万人
- 清華大学 SEM 卒業生：1 万 9000 人
- 清華大学 MBA 卒業生：30 ヶ国から 1 万人
- 清華大学卒業生協会支部（中国内）：140
- 清華大学卒業生協会国別支部（世界）：51
- 清華大学卒業生クラブ：30

指導教育プログラム
卒業生メンターシッププログラム

コンサルティングプロジェクト
- Integrated Practical Project
- MIT -Tsinghua China Lab
- Tsinghua Innovation FinLab
- Tsinghua Leadership McKinsey Lab

交換留学
清華大学 SEM は世界トップのビジネススクール 110 校と提携しています。このネットワークを活用して、各学生の興味や目標に応じて、国際交流の機会を提供しており、学生は 1 セメスター（1 学期に相当）の間どれか 1 つの提携校に交換留学することができ、清華大学で学費を納めつつ、清華大学の単位取得として認証されます。

また、各セメスターで、提携校からは約 100 名の学生を交換留学生として受け入れており、これらの学生は清華大学で多様で豊かな経験を積むことが可能です。

ダブルディグリー （複数学位）

清華大学 SEM - MIT スローン校 MBA/MSMS
清華大学 SEM - MIT スローン校 MBA/MSMS dual degree プログラムは、1 年目に清華大学で幅広い基礎知識を身につけ、2 年目に MIT でさらなる知識と経営ツールを獲得する機会を提供しています。清華大学 - MIT Global MBA プログラムの入学前、応募者は清華大学 SEM - MIT スローン校 MBA/MSMS dual degree プログラムを選択することができます。また Global MBA の 1 年目、学生は再度 dual degree プログラムに応募することができます。dual degree プログラム修了後、MBA 学位は清華大学から、Master of Science in Management Studies は MIT より授与されます。

清華大学 SEM - HEC Paris MBA
清華大学 SEM - HEC Paris MBA も dual degree MBA プログラムを提供しており、Global MBA 学生は両校で授業を受けることができます。Tsinghua-MIT Global MBA の学生は、清華大学にて 1 年のコアカリキュラム修了後、HEC に応募し、2 年目には HEC MBA プログラムにて選択科目を受講可能です。

学生クラブ
24 つの学生クラブは異なる学年の 1000 名を超える優秀な学生に多くの機会を提供しており、彼らの多くは、英語や様々な専門性を備えた中国人学生です。各クラブに入ったり、そのクラブ内でリーダーシップを発揮することで、コミュニケーション力、人脈構築力を身につけることができます。

コンテスト・大会
Tsinghua Case Competition

論文
Graduation Case Report

キャリアセンター
清華大学 SEM のキャリア形成センター（The Career Development Center: CDC）はキャリアに関する様々な機会を学生と企業に提供しています。CDC は各学生に適したキャリア機会を提供し、また各企業に対しそれぞれに最も適した学生を紹介しています。

奨学金

- **中国政府奨学金**……約 1 万 4000 元、学費＋毎月の生活費、下記 HP よりオンライン応募：http://laihua.csc.edu.cn/inscholarship/jsp/student/StudentLogin.jsp
- **清華大学奨学金**……最大 19 万 8000 元、MBA HP よりオンライン応募
- **北京市政府奨学金**……約 1 万元、MBA HP よりオンライン応募

応募期間（直近の例、応募締切／入学申込締切）

① 　2013/11/19 　2013/12/16
② 　2014/2/25 　2014/3/21
③ 　2014/4/22 　2014/5/16

連絡先

Tel 　+86 (10) 6279 7196
Email 　intlmbaadm@sem.tsinghua.edu.cn
Web 　http://mba.sem.tsinghua.edu.cn/mbaen

日本の MBA 受験生へのメッセージ

清華大学-MIT Global MBA プログラムへようこそ！　清華大学-MIT Global MBA プログラムでは、北京を拠点としており、中国文化やローカルの生活をじっくり経験することができます。また、世界的に有名な教授陣や多様な仲間・同級生と生活を共にすることにより、グローバルな視点を養いつつ、中国への本質的な理解を深めることができます。

さらに、清華大学と MIT との提携により、学問の場としての質が非常に高く、清華大学 SEM 及び MIT スローン校の両教授陣から学び、両学生との交流し、両校の卒業生ネットワークを活用することができます。

また清華大学は、皆さんに、中国では最も影響力のある 19 万人以上の卒業生ネットワークを活用できる機会を提供しております。皆さんは、名門校の評価や強みを獲得するだけでなく、清華大学の類まれな起業家ネットワークも獲得することができます。
清華大学-MIT Global MBA プログラムは、皆さんにエキサイティングな機会を提供しておりますので、いつでも気軽にご連絡をいただければと存じます。よろしくお願いいたします。

Class Profile
（フルタイム／ 2015 年卒業生）

クラスサイズ（人）	69
出身国数（ヶ国）	16
平均年齢（歳）	29.5
平均就業期間（年）	5.7
女性比率（%）	38
既婚率（%）	N/A
インターナショナル比率（%）	45
平均 TOEFL スコア	N/A
平均 GMAT スコア	670

教育バックグラウンド（%）

科学	17
人文科学	17
マネジメント	19
エンジニアリング	28
経済／金融	19
情報科学	0
その他	0

MBA 以前の業種（%）

金融	19
コンサルティング	4
IT	26
消費材メーカー	15
教育	4
ヘルスケア	4
工業	7
法曹	0
メディア／マーケティング	0
公務員／非営利団体	7
小売	5
運送	4
公益事業	0
軍隊	0
その他	5

就職状況ハイライト（最新データ）

卒業生数	98
求人企業数	545
ポジション数	1,196
平均給与（元）	539,231
就職率（%、卒業後 3 ヶ月以内）	93
キャリアスイッチ率（%）	56
海外就職率（%）	14

出身国・エリア（人）

日本	1
中国エリア	42
中国大陸	38
香港	3
台湾	1
韓国	7
ASEAN	5
インド	1
北米	7
ヨーロッパ	4
オセアニア	1
アフリカ	0
その他	1

清華大学経済管理学院（Tsinghua SEM） | 177

北京大学光華管理学院（GSM）
Peking University Guanghua School of Management

創設者：中国政府
設立：1985年
キャンパス：北京
MBAオフィス：北京
言語：中国語、英語
期間：24ヶ月（1年目：平日クラス、2年目：モジュールベースクラス）
授業料：18万8000元
宿泊施設：キャンパス内外
生活費（月間）：4000元

グローバルランキング

世界のビジネスリーダーを育成するビジネススクールとして、光華管理学院は世界的なプレゼンスを高め続けています。光華管理学院は経営学の分野で国際的に活発に活動しており、AACSB、EFMD、PIMといった経営学の一流の国際組織のメンバーであり、世界のビジネススクールの中でも一流校にのみ付与されるAACSBとEQUISという2つの認証を受けています。

- 中国本土の大学付属のMBAランキング1位（2014 Financial Times MBA Ranking）
- 中国本土の大学ランキング1位（2012/13 Times Higher Education World University Ranking）
- アジアの大学ランキング4位（2012/13 Times Higher Education Asia University Ranking）

教授陣

光華管理学院は中国国内のビジネススクールの中でも政策立案及び研究への活発な参画という点においてトップの地位にあり、中国の経済改革及び発展に対して積極的かつ社会的なインパクトを産みだしています。

光華管理学院は経営及び経済運営の分野における最先端の知識と研究の創出と普及に貢献する学術的な調査研究を重視しています。光華管理学院の教授陣は、多様な教育のバックグラウンドを有しており、各分野で多大な貢献をした世界的な学者から構成されています。

115人の常勤教授陣の内、78人は著名な海外の大学の博士号を取得しており、ほとんどの者が海外で教鞭を取った経験があります。2011～2012年、教授陣は110の論文をSCI/SSCIジャーナルに発表し、その内25の論文はAクラスのジャーナルに掲載され、38の論文がBクラスのジャーナルに掲載されました。

コアコース／選択コース

光華管理学院のMBAでは、経営管理に関する質の高い教育だけでなく、アジア地域で成功するための文化的なノウハウも提供しており、人文科学と経営管理教育の融合であると言えます。中国にフォーカスしたコースは複雑な中国のビジネス環境に対する理解を提供し、競争の激しい中国市場で働いて成功することを可能にします。中国経済全体、企業行動、中国の消費者、政府規制、交渉、リーダーシップのあり方、中国での好機と落とし穴について学びます。

光華管理学院のMBAプログラムは、バランス

の取れた総合的な経営教育を提供する必修コアコースと、個人の特定の目的に応じた選択コースにより構成されています。2年目になると学生はアカデミックな学習に加えてインターンシップやその他のビジネスプロジェクトを始めることができます。

プレ・コース
すべてのMBAの学生は、プログラムに先立って行われるプレ・コースにオプションで参加することができます。プレ・コースの内容は、統計学、会計、ミクロ経済学、プレゼンテーションスキル、パワーポイント、エクセル、中国語の予習・入門クラスとなります。

必修コース
1年目は、経営者のための経済学、マーケティング管理、コーポレート・ファイナンス、戦略管理、組織行動、生産管理等から成る必修コースを受講することになります。

選択コース
2年目は、戦略管理、会計金融、起業活動、マーケティング（上級）、人材管理、情報管理など30以上の選択科目の内、関心の高い科目を選択して履修することになります。選択科目で14単位を取得することが必要となります（1科目1単位又は2単位）。

卒業生ネットワーク
8000人以上

指導教育プログラム
卒業生によるメンター・プログラム

実習プロジェクト
実験的な学習体験を得るため、必修科目として、外部のクライアントに対して実地でコンサルティングを行うプロジェクトが必修科目に位置づけられています。学生はMBAプログラムで得た知識を実際のビジネス上の問題に応用し、中国ビジネスに対する見識を高めます。中国におけるビジネスネットワークの構築にも資するものです。

交換留学
光華管理学院は北米、ヨーロッパ、アジア、オセアニアの31ヶ国・地域101校の国際的に有名なビジネススクールと友好的な協力関係にあり、その内59校（ペンシルバニア大学ウォートン校、ケロッグ経営大学院、ロンドン・スクール・オブ・エコノミクス等）が光華管理学院のMBA学生に交換留学プログラムを提供しています。毎年200人以上の光華管理学院の学生が交換留学プログラムに参加しています。

ダブルディグリー（複数学位）
光華管理学院は、以下の10のパートナー校とのDouble MBA Degree Programsを設けています。
- ESSEC Business School (France)
- WHU – Otto Beisheim School of Management (Germany)
- Schulich School of Business, York University (Canada)
- Sloan School of Management, Massachusetts Institute of Technology (USA)
- McCombs School of Business, University of Texas at Austin (USA)
- Michael G. Foster School of Business, University of Washington (USA)
- National University of Singapore (Singapore)
- Graduate School of Business, Seoul National University (South Korea)
- Graduate School of Business, Yonsei Universtiy (South Korea)
- Graduate School of International Corporate Strategy, Hitotsubashi University (Japan)

学生クラブ
Guanghua International Students Association (GISA)
毎年多くの外国人学生が光華にやって来ます。外国に来るということはチャレンジングな変化ですので、学生が新しい環境に適合するのをサポートするためにGISAは設立されました。

GISAは学生により運営されており、定期的にネットワーク作り、キャリア形成、文化、コミュニティ関連のイベントを開催し、海外の学生と中国人学生が共に学び、友情を育む機会を提供しています。

Startup Events
中国の「シリコン・バレー」が北京大学のすぐそばにあることをご存じですか？　科学技術産業は中国で急成長しており、デザイナー、エンジニア、起業家、投資家が集まって北京で起業するためのスタートアップ・イベントが定期的に開催されています。光華のMBA学生は、北京大学と清華大学が共同開催する3 day Start Up eventや業界が運営する48 Hour Start up eventsに参画しております。これらのイベントは中国の科学技術産業の将来の経営者達と出会う良い機会です。

Visiting Lecturers
アジアの最も著名な大学の一つとして、北京大学は多様なバックグラウンドから多くのハイプロフィールな客員講師を惹きつけています。最近の講演者には、ノーベル賞を受賞したAlvin E.Rothスタンフォード大学教授、Robert C. Merton MIT教授、Andy Serwerフォーチュン紙編集者、デビッド・キャメロン英国首相、ビル・ゲイツ氏、ボビー・ブラウン氏、デビッド・ベッカム氏などがいます。

Alumni Networks & Alumni Mentor Program
光華管理学院のMBA学生は、中国で最も幅広くて影響力のある政財界の卒業生ネットワークにアクセスすることができます。中国が発展を続けてグローバル経済の中でより大きな位置を占める中、光華MBAは、卒業生ネットワークを通じて、学生たちに中国及びグローバル経済においてキャリアアップを図る機会を提供しています。

光華管理学院にいる間、学生たちは卒業生メンターからキャリア形成、業界知識やスキルについてプロフェッショナルな指導・アドバイスを受けることになります。卒業生メンター・プログラムにより、年間を通して多くの企業訪問が企画されます。卒業生メンターは経験や知識の共有を通じて学生たちの成長・キャリア形成を支援します。現在、累計で200人以上の卒業生メンターがいます。

論文
あり（ケース・レポート）

キャリアセンター
光華管理学院のThe Career Development Center (CDC) at Guanghuaは、外国人MBA学生及び卒業生に対して、キャリア選択、キャリア関連の興味の開拓、キャリアプランの作成、効果的なジョブ・サーチ・ストラテジーの発展などあらゆるキャリア形成を支援します。我々の第一のミッションは、学生たちの学術上及びキャリアに関する意識並びに生涯のキャリア・マネジメントスキルの向上を助けることです。年間を通じて、CDCは幅広い活動を企画し、キャリア形成に必要なリソースと情報を提供し、学生たちのキャリア上の更なる飛躍を確かなものとします。

Global Business Immersion
光華MBAは、夏休み・冬休みの間、Global Business Immersionとして知られる手作りの1週間の短期モジュールを提供しています。このモジュールは、MBAの学生たちが中国の外でビジネスの実践及び文化に対する洞察力を得るためにデザインされています。実施場所は、経済情勢及び学生のニーズに基づいて慎重に選択・決定されます。

それぞれのトリップは、講義、ケース・スタディ、企業訪問、文化活動及び観光から構成されています。2011年と2012年には、米国、英国及びフランスにおいて実施されました。2013年には、米国、英国、フランス、スペイン、シンガポールにおいて10のモジュールが実施されました。

奨学金

Merit-based Entrance Scholarship
学歴、職歴、個人の業績、面接の評価、ＭＢＡプログラムに貢献するポテンシャルに基づいて選考し、付与するもの。応募は不要。
- Guanghua Excellence Scholarship……100% 学費免除
- Academic Excellence Scholarship……50% 学費免除

Need-Based Entrance Scholarships
以下の条件のいずれかを満たす者に対する応募制の奨学金制度。
- 経済的に奨学金が必要である者
- 女性
- 少数民族
- 発展途上国の出身者

Beijing Government Entrance Scholarships
- 5万元（1名）
- 3万元（5名）
- 1万元（10名）

Chinese Government Entrance Scholarships
中国で学ぶ外国人学生に対する全額又は部分的な奨学金制度で、中国・教育部が他国政府機関等との合意に基づいて提供するもの。詳細はChina Scholarship Council (CSC) に確認する必要。

Other Awards
光華管理学院では、成績、リーダーシップ、業績、サービス、光華管理学院の多様性への貢献能力といった多様な要素を勘案した上で、在学中の優秀な学生に対して応募制の奨学金プログラムを提供しています。
- Microsoft-Guanghua Innovation Scholarship
- Olympus Scholarship
- PKU-GlaxoSmithkline Scholarship
- Lingrui Pharmaceutical Scholarship
- Lee & Li Attorneys At law Scholarship
- Robin LI Yanhong (CEO, Baidu) Scholarship
- Tokyo-Mitsubishi Scholarship
- Wu Si Scholarship

応募期間（直近の例、応募締切／入学申込締切）
① 2013/11/22
② 2014/2/14
③ 2014/3/28
④ 2014/4/27

連絡先
Tel　　+86 (10) 62747009；62747268
Email　MBAintl@gsm.pku.edu.cn
Web　　www.gsm.pku.edu.cn/mbas/index.html

日本のMBA受験生へのメッセージ
光華管理学院は中国本土にある大学付属のトップビジネススクールです。

中国で最も歴史と権威のある北京大学の一部として、私たちは、ワールドクラスの教授陣と教育設備によって中国にフォーカスした比類のないMBA経験を提供します。我々のMBAプログラムは国際的なビジネスリーダーを指向する高いポテンシャルを持ったプロフェッショナルのためにデザインされています。

国際MBAは、英語で授業が行われる2年間のプログラムであり、中国ビジネスの実情に力点を置いた全体的かつ総合的な経営教育を提供します。

必修のビジネス実務をカバーする徹底したカリキュラムは、ビジネスリーダー、イノベーター、起業家としての能力向上を確かなものとします。また、中国のトップクラスの教授陣による専門性の高い科目は、中国の歴史、文化、独特な経済に対する深い理解を提供します。

また、中国で最も歴史と権威のある大学の卒業生として、中国のあらゆる産業界や政治部門にまたがる優れた卒業生ネットワークを享受することができます。発展を続ける中国は世界経済においてよりいっそう重要な役割を果たすことになることから、光華管理学院MBAは卒業生

に中国内外でのキャリアを発展させるユニークな機会を提供します。

なぜ光華管理学院 MBA なのか？
- 中国で最も歴史と権威のある大学で学ぶ
- アジアの成長する経済の中心である北京に所在
- トップクラスの教授陣と設備による教育
- 中国のビジネスエリートから成る大規模な卒業生ネットワーク
- 世界中のトップビジネススクールとの double MBA degrees や交換留学の制度を活用してグローバルに学習するオプション

Class Profile
(フルタイム／2015 年卒業生)

クラスサイズ（人）	54
女性比率（％）	26
インターナショナル比率（％）	69
平均年齢（歳）	29
平均 GMAT スコア	640
平均就業期間（年）	5

教育バックグラウンド（％）
エンジニアリング	21
ビジネス、マネジメント	42
教養、その他	8
コンピュータ科学	4
ファイナンス、経済	25

MBA 以前の業種（％）
通信、IT、ニューメディア	19
消費材メーカー	13
金融、投資	29
工業、製造	13
コンサルティング	10
教育	4
資源、エネルギー	8
その他	4

就職状況ハイライト（最新データ）
求人企業数	327
ポジション数	1,871
平均給与（米ドル）	64,216
就職率（％、卒業後3ヶ月以内）	98
キャリアスイッチ率（％）	51
海外就職率（％）	14

出身国・エリア（％）
オセアニア	2
南北アメリカ	12
ヨーロッパ	11
東アジア	39
中国大陸	30
香港・台湾	6

長江商学院 (CKGSB)
Cheung Kong Graduate School of Business

創設者：項兵（Xiang Bing）
設立：2002年
キャンパス：北京、上海、深セン／海外オフィス：ロンドン、ニューヨーク、香港
MBAオフィス：北京
言語：英語
期間：14ヶ月
授業料：39万8000元（2014年）
宿泊施設：家賃補助適用後の1ヶ月の家賃（2000～3000元）
生活費（月間）：3000元（食費、交通費等）

教授陣
フルタイムの教授陣が45名。

研究センター発行ケース数
ケースセンターにてこれまでに300以上のケースを作成。他に12の研究センターを設置。

コアコース／選択コース
必須科目が12～15以上。選択科目は30以上。主な授業は、コーポレート・ファイナンス、インベストメント、ストラテジー、マーケティング、経済学、マネージメント、オペレーション等。選択科目には、中国ビジネスに特化したチャイナ・モジュール、北米モジュール（ニューヨーク2週間、自由設計学習1週間）が含まれる。

卒業生ネットワーク
7000名以上

指導教育プログラム
毎年10～20人の卒業生によるメンタープログラムを実施。

コンサルティングプロジェクト
専門のコンサルティングプロジェクトDCP（Diversity Consulting Program）

交換留学
コロンビア大学、IEビジネススクール、ミシガン大学、ローズビジネススクール、早稲田大学、コーネル大学等10以上のトップグローバルスクールと提携して、交換留学プログラムを実施。

ダブルディグリー（複数学位）
なし

学生クラブ
学生主体により、コンサルティング、不動産、マーケティング、NPOクラブ等が運営されている。世界的なものとしては、話し方、パブリック・スピーキング、リーダーシップ上達を目的とするトーストマスターズクラブなど。

論文
中国政府教育部からの修士号を取得する場合には必須。

キャリアセンター
5名のアドバイザーにより構成される、キャリア・マネージメント・センターを運営。キャリア講座や、トレーニング、レジュメ・インタビュー講座、インターンシップ、就職先企業調

査などのサービスを利用できる。各個人の個性に合わせて個別コーチ 10 時間。

奨学金

Merit Based Scholarships
選考過程や学歴・職歴において長江商学院の価値観を体現できると判断された応募者には、3万～20万元の能力別奨学金が与えられる。

Need Based Scholarships
経済的支援を必要としている、既に入学が認められた応募者には奨学金が与えられる。応募を希望する学生は、長江商学院の求めに応じて経済的支援が必要な状況を説明する書類を提出する必要がある。奨学金の額は MBA 事務局により決定され、最高で 15 万元となる。

CKGSB Vision Scholarships
長江商学院ビジョン奨学金は、MBA コミュニティの価値を高めることができる資質を持つ学生を支援するために用意されている。奨学金の金額は 2 万～6 万元とケースにより変わる。具体的には、海外華僑、女性リーダー、起業家、エコフレンドリー、CSR、各種項目がある。

GMAT/GRE Achievement Scholarship
GMAT で 700 点以上の成績をあげた生徒に対する奨学金（3万～10万元）。

応募期間 （応募締切／入学申込締切）
10月～翌年6月まで（詳しくはウェブサイトをご参照ください）

連絡先
Tel　　86 10 8518 1052
Email　mbaadmissions@ckgsb.edu.cn
Web　 http://english.ckgsb.edu.cn/Programs MBAHome

日本の MBA 受験生へのメッセージ
長江商学院は、中国ビジネス界で広範なネットワークを持ち、中国企業の先進的な研究に強みを持つ学校ですが、同時に広く世界に開かれた教育プラットフォームでもあります。

長江商学院英語 MBA プログラムは 14 ヶ月の全日制コースで、世界級の教授陣と中国国内で比類ないハイエンドな卒業生ネットワーク、そして、グローバルな教育プラットフォームを提供することで、グローバルな視野や考え方、中国ビジネスへの深い洞察や実践能力を持ち、革新的で社会責任感のあるリーダーを育成することを目指しています。

2003 年の創設以来、MBA プログラムは約 600 名の卒業生を輩出し、金融、ハイテク、消費財、製造業、エネルギー等の業界で大きな貢献を果たしています。その内、71.2% は既にシニアな管理職に就いており、5% は起業家として既に成功しています。

我々は、欧米やアジアの各国からトップレベルの学生を集め、クラスの多様性を高めることに注力しており、日本の皆様にもぜひその輪に加わっていただきたいと考えています。世界経済を語る上で、日本の経済、日本企業の戦略を理解することは非常に重要なことであると我々は考えています。MBA のケーススタディで日本企業を取り上げることもあります。日本ビジネスの経験を持つ、皆様をクラスに迎えることで、学生相互の学びはより実際的で広がりのあるものになると、我々は期待しています。

日本企業は、中国経済に対する最大規模の投資家でもあります。中国マーケットに進出する、日本企業も数多くあります。今後もこの大きなトレンドには変化はないものと我々は考えます。競争の激しい中国マーケットについて知見を深め、ネットワークを持つことは、皆様の今後のキャリアの非常に大きな財産になります。中国 MBA で学ぶ日本人は、まだまだ少数派です。皆様には、ぜひこの大きなチャンスに飛び込んでいただき、日中ビジネスをドライブするような未来の経営者を目指していただきたいと思います。

Class Profile
(フルタイム／2012〜2014 の 3 年間平均値)

クラスサイズ（人）	50
出身国数（ヶ国）	10
平均年齢（歳）	29
平均就業期間（年）	5.7
女性比率（%）	40
既婚率（%）	N/A
インターナショナル比率（%）	25-30
平均 TOEFL スコア	N/A
平均 GMAT スコア（2012 卒業生）	680

教育バックグラウンド（%）

科学	24.5
人文科学	16.3
マネジメント	8.2
エンジニアリング	22.4
経済／金融	22.4
情報科学	6.1
その他	0

MBA 以前の業種 (%、2012 卒業生)

金融	20.4
コンサルティング	6.1
IT	24.5
消費材メーカー	14.3
教育	4.1
ヘルスケア	4.1
工業	14.3
法曹	0
メディア／マーケティング	0
公務員／非営利団体	0
小売	0
運送	0
公益事業	0
不動産	6.1
その他	6.1

就職状況ハイライト（2012 卒業生）

卒業生数	49
求人企業数	200
ポジション数	450
平均給与（万元）	46.3
就職率（%、卒業後 3 ヶ月以内）	80
キャリアスイッチ率（%）	74
海外就職率（%）	43

出身国・エリア (%、2012 卒業生)

中国	75
アジア	13
ヨーロッパ	7
アメリカ	5

長江商学院（CKGSB）

中欧国際工商学院 (CEIBS)
China Europe International Business School

創設者：中国政府および欧州連合
設立：1994
キャンパス：上海・北京・深セン・ガーナ
MBAオフィス：上海・バルセロナ
言語：英語
期間：18ヶ月
授業料：38万8000元
宿泊施設：あり
生活費（月間）：4000元
住居費（共同、月間）：1300元

グローバルランキング
- Financial Times：世界第15位（2013年）
- Forbes：世界（2年制）第7位（2013年）
- Bloomberg Businessweek China：中国第1位（3回連続（2006、2007、2013年））
- Forbes China：中国第1位（5回連続（2005～2007、2010、2012年））

教授陣
CEIBS は "China Depth, Global Breadth" をスローガンに据え、変化の速い中国マーケットで成功するための各種ビジネス教育を提供している。CEIBS の教育プログラムは20ヶ国の出身者からなる国際性豊かな教授陣により提供されており、Financial Times ランキングにおける "Faculty International Diversity" 項目でも常にトップ10以内の評価を受けている。

研究センター発行ケース数
研究センター数は17（自動車産業、中国におけるイノベーション、中国へのサービスアウトソーシング、中国私有企業、アントレプレナーシップと投資、エマージングマーケット、ヘルスケア、ファイナンス、サステナビリティとサプライチェーンマネジメント等）。執筆ケース数は300超あり、その多くが世界のトップビジネススクールで採用されている。

コアコース／選択コース
20超のコア科目並びに40超の選択科目があるほか、中国にフォーカスした科目、実習科目（Integrated China Strategy Project, ICSP)、および交換留学制度あり。経営管理（General Management）を中核コースとしながらも、ファイナンス、マーケティング、アントレプレナーシップのいずれかを専攻とすることも可能。2013年度にはリーダーシップ・モジュールを新設し、グローバルで活躍するビジネスリーダーを養成するべく、常にコース内容の革新を行っている。

卒業生ネットワーク
卒業者数：1万4000名超（出身国数66ヶ国、うちCEO数2000名超）
地方支部数：54ヶ国・地域
アルムナイクラブ並びに産業別協会数：56個

指導教育プログラム
CEIBS は在学生に対して、志望業界への理解度向上および短～中長期的なキャリア形成を支援する目的で、様々なプログラムを提供している。

- **メンターシッププログラム**……EMBA（＝企業管理者向け MBA）在学生・卒業生1名に対して、2～3名の MBA 生をマッチアップさせ、メンターとして1年間サポートしてもらうプログラム。
- **エグゼクティブコーチ・ビジティングリーダープログラム**……グローバル企業の経営トップ層を招き、在学生に対してキャリアカウンセリングを行う。
- **キャリアコーチプログラム**……業界を代表するビジネスリーダー、もしくは各界で活躍している CEIBS 卒業生を招き、自身のビジネス経験並びに業界動向を語ってもらう。
- **ピアコーチングプログラム**……2年生が1年生に対して、自身の就職活動経験をもとに業界知識の伝授、並びにアドバイスの提供を行う。

コンサルティングプロジェクト

Integrated China Strategy Project（ICSP）コースは、講義で得られた知識・スキルを現実のビジネスシーンで応用できるよう設計されている。

交換留学

毎年100超のポジション有り。全世界30以上の提携校があり、多くが Financial Times 世界ランキングトップ50以内（ロンドン・ビジネススクール、ペンシルバニア大学ウォートン校、INSEAD、IESE、ダートマス大学タックスクール、ケロッグ経営大学院、ミシガン大学ロス・ビジネススクール、カリフォルニア大学バークレー校等）。

- CEIBS-Fletcher Coordinated MBA/MALD Degree
- CEIBS-John Hopkins Coordinated MBA/MPH Program
- CEIBS-Cornell Coordinated MBA/MPH Program

学生クラブ

学生運営クラブ数は40超。ビジネス系からエンターテイメント系まで多岐に渡る。クラス外におけるビジネスおよびリーダーシップ学習の場として機能している。最も積極的に活動しているクラブの例として、コンサルティングクラブ、アントレプレナーシップクラブ、ファイナンスクラブ、インターナショナルクラブ等が挙げられる。

コンテスト・大会

CEIBS は在学生の国際ビジネスコンペティション参加を奨励していると同時に、CEIBS からの参加者は各大会で目覚ましい成績を残している。また、CEIBS は "Innovate China" 等のコンペティションを主催しており、世界トップビジネススクール（UCLA, HKUST, IESE, Harvard 等）から多数の参加者招聘に成功している。

論文

修士論文の提出は不要

キャリアセンター

Financial Times ランキング：卒業後収入増加率世界第2位、キャリアアップ成功度世界第8位

中国大陸で最も早く設立された CEIBS のキャリアデベロップメントセンター（CDC）は、MBA ディレクター（アドミッション・キャリアサービス担当）のリーダーシップのもと、7名のキャリアコンサルタントにより運営されている。各コンサルタントはそれぞれ専門の業種・職種をカバーしており、コンサルタントの平均実務経験年数は約17年、平均海外在住経験は約8年である。CDC は在学生のキャリアサポートのために、下記の活動を行っている。

- マンツーマンカウンセリングを通じたキャリアプランニング支援
- キャリアデベロップメントプログラム (CDP) を通じた各種求職スキルおよびネットワーキングスキルの養成
- 企業キャンパスビジット、ジョブフェア、企業訪問会、キャリアトレック、異業種交流会等を通じた学生と企業との接点創出　等

その他

CEIBS は起業家精神あふれる学生のサポートも積極的に行っている。コア科目ならびに選

択科目でアントレプレナーシップを取り上げるのと同時に、校内で2つのファンドを運営し、CEIBS在学生・卒業生の起業を支援している。また、校内の起業・イノベーションセンターにおいては、CEIBS生の起業関連知識・スキル獲得を支援する様々な取り組みを行っている。

奨学金
- **能力に基づく奨学金**……成績最優秀者、成績優秀者、女性リーダー、アントレプレナー、ヤングタレント
- **地域別奨学金**……中近東・中央アジア、ラテンアメリカ、アフリカ、ダイバーシティ・フェローシップ
- **政府支給の奨学金**……上海政府
- **必要性に基づく奨学金**……呉敬璉教育基金、劉吉教育基金
- **スポンサー企業提供の奨学金**……Hovione, Omnicom, Hana Bank, Easy Finance, DDI, Longcheer, Emerson and Baosteel Scholarship
- **その他奨学金**……La Caixa/Casa Asia Sponsorship, Talentia Fellowship Program

応募期間（直近の例、応募締切／入学申込締切）
① 2013/11/20 2013/12/20
② 2014/2/19   2014/3/28
③ 2014/4/10   2014/5/23

連絡先
Tel　(86 21) - 2890 5555
Email　admissions@ceibs.edu
Web　www.ceibs.edu/mba

日本のMBA受験生へのメッセージ
CEIBSは、海外ビジネススクール進学を考えている日本人ビジネスマンに対する魅力的な選択肢の一つとなることでしょう。

中国における最先端の国際都市として、そして巨大な海外駐在員人口を誇る一大商業都市として、上海はグローバルなキャリア展開を希望する方、成長を続けるアジア・中華圏でのビジネス機会を求める方にとって最善の環境であると、我々は信じています。中国の経済活動の中心地である上海では、膨大な数の多国籍企業、そして日系企業がビジネスを営んでいます。

この地理的条件が意味すること、それは「CEIBS卒業生の前には、驚くほど多くの機会が待ち受けている」ということです。

CEIBSを巣立った日本人卒業生には、日中という国境を超えたレベルで、当人の想像をはるかに超える飛躍の機会が訪れることでしょう。

CEIBSを特徴づけるもの、それは極めて国際性豊かな教授陣および学生集団であり、校内にはオープンに意見交換や議論を行う文化が根付いています。日本、中国および世界に散らばる1万4000名超の緊密な卒業生ネットワークの存在も、CEIBS日本人卒業生の成長およびキャリア開発を強力にサポートします。

Class Profile
（フルタイム／2015年卒業生）

クラスサイズ（人）	192
出身国数（ヶ国）	21
平均年齢（歳）	29
平均就業期間（年）	5.5
女性比率（%）	43
既婚率（%）	26
インターナショナル比率（%）	28
平均 TOEFL スコア	102
平均 GMAT スコア	695

教育バックグラウンド（%）

科学	14
人文科学	17
マネジメント	19
エンジニアリング	16
経済／金融	21
情報科学	13
その他	0

MBA 以前の業種（%）

金融	14
コンサルティング	13
IT	21
消費材メーカー	9
教育	2
ヘルスケア	5
工業	14
法曹	0
メディア／マーケティング	5
公務員／非営利団体	2
小売	5
運送	2
公益事業	4
軍隊	0
その他	4

就職状況ハイライト（最新データ）

卒業生数	195
求人企業数	337
ポジション数	1088
平均給与（万元）	47.3
就職率（%、卒業後3ヶ月以内）	90
キャリアスイッチ率（%）	84
海外就職率（%）	19

出身国・エリア（人）

日本	1
中国エリア	138
中国大陸	124
香港	2
台湾	12
韓国	15
ASEAN	4
インド	9
北米	14
ヨーロッパ	9
オセアニア	1
アフリカ	0
その他	1

中山大学嶺南（大学）学院
Sun Yat-sen University Lingnan (University) College

創設者：中華人民共和国教育部、中山大学嶺南学院（大学）学院董事会、マサチューセッツ工科大学（MIT）スローン校
設立：1998年
キャンパス：中国広東省広州市
MBAオフィス：中国広東省広州市
言語：英語
期間：2年間、パートタイム（平日夜間と週末）3年プログラムもあり
授業料：18万元
宿泊施設：あり
生活費（月間）：3500元＋寮費（相部屋）1800〜2500元

グローバルランキング
経済雑誌フォーブス誌中国版のMBAランキング等中国国内で常に上位にランクインし、華南地域においてはトップクラスの対外評価を得ております。また第三機関の認証では、2010年にEQUIS認証とAMBA認証を取得しております。現在、AACSBの取得の準備をしております。

教授陣
98名の教員陣を有しており、その多くは海外での教学・研究実績を有しております。選択科目については、世界各国のビジネススクールからの訪問教員も授業を担当いたします。またMIT Sloan校との提携により、必修単位としてMIT Sloan校教員の来訪授業があり、嶺南学院教員のMIT Sloan校への訪問による教学方法の研究が実施されております。

研究センター発行ケース数
嶺南ケースセンターが15本のケースを執筆した実績がございます。

コアコース／選択コース
MIT Sloan校の教学内容に準拠した10のコア科目と33以上の選択科目が用意されております。また、必修単位として、入学オリエンテーションへの参加、企業向けプロジェクトや国際プログラムへの参加を要求されます。特定の科目を修了することで、ファイナンス、マーケティング、サプライチェーンマネジメントの3つの専攻学位を得ることができます。また、MBAプログラム開始前に、希望者を対象にプレタームとして、財務会計、ミクロ経済学等の講義を受講することができます。

留学生に対して、チャイナモジュール（中国ビジネスに特化した2週間の特別授業プログラム）を提供しております。

卒業生ネットワーク
華南地域最良のビジネスネットワークである2000人以上の嶺南学院MBA同窓会へ加入する事ができます。また、100年近い歴史を持ち、且つ世界中で卒業生が活躍をしている嶺南学院同窓会（会員数およそ1万人以上）へも参加できます。また、MIT Sloan校の同窓会にAffiliate Alumniとして加入することができます。

指導教育プログラム
本校は良好なメンターシッププログラムを有しております。嶺南学院EMBAとCHEMBA（ミネソタ大カールソン校とのデュアルEMBA）の

卒業生、もしくはMBAのシニア卒業生の候補生の中から、相互の面談を通して手配されます。

コンサルティングプロジェクト

必修科目として企業コンサルプロジェクトが1科目あります。また、MITスローン校のMBA生と共同で行われるコンサルプロジェクトとして、MIT-Lingnan China Labがあり、また、MIT India Labにも嶺南学院在校生を派遣した実績もあります。ミネソタ大カールソン校MBA生との共同での企業プロジェクトも行われています。それに加えて年間10以上のプロジェクトへの参画が可能でございます。

交換留学

MBA在校生は2年時の第1学期に海外12校のビジネススクールへの交換留学が可能でございます。毎年、数名の留学生もこの交換留学へ参加をいたします。また、毎学期に海外提携校より数十名の交換留学生が嶺南MBAプログラムに来校します。

ダブルディグリー（複数学位）

嶺南学院は様々なデュアルディグリープログラムを提供しています。MIT Sloan MSMS Program、ESCP Dual Degree Program（フランス）、Tilberg Dual Degree Program（オランダ）、その他、EMBA、DBAでも海外提携校とのデュアルディグリープログラムが用意されています。

学生クラブ

ベンチャーキャピタルクラブ、ファイナンスクラブ、リアルエステートクラブ、その他趣味・スポーツのクラブ等、学生のイニシアティブにより様々なイベントが提供されております。

コンテスト・大会

ほぼすべての学生が履修する選択科目の授業課題として、毎年Lingnan Business Plan Competitionが開催されます。また、ASIA Moot Corp CompetitionやPeak Time Competitionなどに当校代表団が参加します。

論文

卒業要件に修士論文の提出が求められます。学生は各々が研究を深めたいテーマを設定し、同分野の権威である教員を指導教官として論文を作成します。卒業論文の執筆を通して、学生自身の専門性を作り上げることができます。

キャリアセンター

嶺南キャリアディベロップメントセンターでは中国人学生のみならず、留学生向けのインターンシップや就職先の紹介を行います。

その他

嶺南学院MBAプログラムを修了することで中華人民共和国教育部発行の卒業証書（MBA過程）を得ることができます。それに加えて、MIT Sloan School of Managementからの証明証が発行されます。

奨学金

- GMAT Scholarship……Top 3 from GMAT 700+
- Excellence Scholarship……Top 3 from international candidates

応募期間 〈直近の例、応募締切／入学申込締切〉

① 2014/5/15　　2014/6/5

連絡先

Tel　86-20-84112820
Email　lnimba@mail.sysu.edu.cn
Web　http://www.lingnan.net/mba/english/index.asp

日本のMBA受験生へのメッセージ

嶺南学院MBAプログラムはグローバルビジネスを中国起点で学習する機会を提供します。グローバルビジネスで欠かすことのできない珠江デルタ地域でのコンサルティングプロジェクトなどを通して、広東人や留学生からなる当校MBA生に対して、ビジネスアイディアを積極的に発信してください。また、海外提携校との交換留学、デュアルディグリー、スタディ

ツアーなど海外経験を得ていただくこともできます。ぜひ当校での就学を、世界が求めるビジネスリーダーへの転身のきっかけとしてください。

Class Profile
（フルタイム／ 2015 年卒業生）

クラスサイズ（人）	45
出身国数（ヶ国）	3
平均年齢（歳）	29
平均就業期間（年）	6
女性比率（%）	48.9
既婚率（%）	22.2
インターナショナル比率（%）	17.8
平均 TOEFL スコア	N/A
平均 GMAT スコア	N/A

教育バックグラウンド（%）

科学	9
人文科学	14
マネジメント	35
エンジニアリング	22
経済／金融	10
情報科学	10
その他	0

MBA 以前の業種（%）

金融	20
コンサルティング	4
IT	13
消費材メーカー	26
教育	3
ヘルスケア	4
工業	6
法曹	3
メディア／マーケティング	3
公務員／非営利団体	3
小売	3
運送	5
公益事業	3
軍隊	0
その他	4

就職状況ハイライト（最新データ）

卒業生数	53
求人企業数	114
ポジション数	326
平均給与（万元）	17
就職率（%、卒業後 3 ヶ月以内）	98
キャリアスイッチ率（%）	93
海外就職率（%）	8

出身国・エリア（人）

日本	0
中国エリア	37
中国大陸	37
香港	0
台湾	0
韓国	0
ASEAN	7
インド	0
北米	1
ヨーロッパ	0
オセアニア	0
アフリカ	0
その他	0

香港中文大学（CUHK）
Chinese University of Hong Kong

設立：1966年
キャンパス：香港
MBAオフィス：香港
言語：英語
期間：16ヶ月、12ヶ月の短期集中プログラムもあり
授業料：48万9780香港ドル
宿泊施設：キャンパス内外
生活費（月間）：約1万～1万2000香港ドル

グローバルランキング
27位（Financial Times Global Ranking 2013）
39位（QS World University Rankings 2013）
AACSB（Worldwide Universities Network and Beta Gamma Sigma）認定校

教授陣
CUHKの教授陣は国際的な名門校で博士号を取得し、その後国際的な実務経験を経て、現在は教鞭をとる傍ら各領域で理論と実践の橋渡しをする研究成果を発表しています。

強みのある分野
- Accounting
- Entrepreneurship
- Marketing
- Finance
- China Business
- Management
- Consulting
- VC/PE

研究センター発行ケース数
以下11のリサーチセンターを有している。
- Center for Business Innovation and Globalization
- Center for Chinese Financial Development and Reform
- Center for Entrepreneurship
- Center for Hospitality and Real Estate Research
- Center for Institutions and Governance
- Center for International Business Studies
- Center for Marketing Engineering
- Institute of Economics and Finance
- Asian Institute of Supply Chains & Logistics
- Center for Family Business
- Aviation Policy and Research Center

専攻
学生は1つ、または2つの専攻選択。
- China Business
- Entrepreneurship
- Finance
- Marketing

それぞれの専攻に属する5つのコースの単位取得を必須とします。

コアコース／選択コース
9つのコアコース
- Management: Competencies and Current Perspectives
- Corporate Financial Reporting
- Macroeconomics for Business Executives

- Statistical Analysis
- Financial Management
- Marketing Management
- Strategic Management
- Leadership Development
- Leading Organizations

選択コース
各自選択した専攻（China Business、Entrepreneurship、Finance、Marketing）の中からコースを選択して受講。

卒業生ネットワーク
アジアで最も長い歴史を持つ CUHK MBA は、5000 人以上（うち 1000 人以上中国本土）MBA 卒業生ネットワーク、さらに 2 万 7000 人以上の経営学部卒業生ネットワークを持っています。

指導教育プログラム
CUHK エリートメンターシッププログラムでは、1 対 1 のコーチングとフルタイムの MBA 学生には個人のキャリア育成のアドバイスを行っています。すべてのメンターは、MBA または EMBA の卒業生で、ローカル企業、インターナショナル企業の現役の経営者や役職者です。

交換留学
世界 48 のパートナースクールより選択可能。（以下抜粋）

アメリカ
- ノースウェスタン大学ケロッグ経営大学院
- シカゴ大学
- デューク大学

ヨーロッパ
- ロンドン・ビジネススクール
- HEC 経営大学院（パリ）
- ESADE（スペイン）

アジア
- 中欧国際工商学院（CEIBS）
- 北京大学
- 清華大学
- シンガポール国立大学
- インド商科大学院

ダブルディグリー（複数学位）
5 つの提携校より選択可能。
- HEC Dual MBA Degree Program
- University of Texas at Austin/Dual MBA Degree Program
- Rotterdam School of Management, Erasmus University (RSM) DualMBA Degree Program
- MIT Master of Science in Management Studies Scheme
- Cambridge Judge MPhil in Technology Policy Study Scheme

学生クラブ
MBA Student Association（生徒会）をはじめ、10 の学生クラブがあります。（Class of 2015、以下抜粋）
- Entrepreneurship Club
- Investment Club
- Woman in Business Club
- Management Consulting Club
- Finance Club
- Marketing Club

その他 Company Visit、China Study Tour など学生により企画されたセミナーが毎年開催されています。スポーツイベントも盛んで、他学部の学生、教授陣スタッフメンバー、また他大学との試合も行われます。

コンテスト・大会
TiE competition, NUS Cerebration, Hult Global Case Challenge, Texas VLIC, MBA Stock Pitch Competition

キャリアセンター
CUHK MBA キャリアマネジメントセンターは、MBA 生のためのキャリア開発とマネジメントプログラム（CAMP）を学生に提供しています。在学中次のキャリアに向けての興味、能力開発

を行い、さらに必要なマネージメントスキルを身につけ、キャリアゴールを達成するサポートを行っています。

毎年行われる CSR カンファレンスでは、業界を牽引するエグゼクティブや、経営陣、CSR の専門家、中小企業オーナーを招き、NGO や NPO メンバーも交えて CSR のベストソリューションの活発なディスカッションを行っています。

奨学金

Excellence Scholarship
入学時成績上位者（学業成績、グローバルでの活躍、GMAT スコア、インタビューパフォーマンス）には最大授業料の 50% の奨学金を付与

The Santander-K Foundation Entrance Scholarships
アジア太平洋地域の入学生に対しては USD6,500 の奨学金あり（この奨学金は入学能力があり、かつファイナンシャルサポートが必要な学生に付与される）。

Intensive Mandarin Course Sponsorship
中国語スピーカーではない入学生に対して、MBA プログラムが始まる前の 6〜8 月に、中国圏で活躍するために必要な、競争力のある中国語能力を身につけるための集中中国語 (Mandarin) コースが無料で受講可能。

The Santander-K Foundation International Mobility Scholarships
フルタイム MBA 生や、交換留学生で海外移住費として、奨学金 4000 米ドルを付与（候補者は 1st ターム の MBA 成績、GMAT スコア、インタビューパフォーマンス、MBA プログラムへの貢献度で選ばれる）。

応募期間（直近の例、応募締切／入学申込締切）

① 2013/10/31　2013/12/31
② 2013/12/15　2014/2/15
③ 2014/1/31　2014/3/31
最終　2014/3/15　2014/5/15

連絡先
Tel　(852) 3943 7782
Email　cumba@cuhk.edu.hk
Web　http://www.bschool.cuhk.edu.hk/mba/index.aspx

日本の MBA 受験生へのメッセージ

アジアで最も歴史が長い CUHK MBA は中国本土で 1000 人以上のアジアエリア最大の卒業生ネットワークを有しています。CUHK MBA は、歴史・年長者を重んじる日本文化と同様に、今日まで卒業生との親密な関係性を大切にすることで、現役生・卒業生を主体とした文化を築いてきました。卒業生と在校生をつなぐ CUHK エリートメンターシッププログラムは、CUHK が大切にしている、卒業生ネットワークの 1 つの形です。そのため、CUHK の日本人卒業生にも、その活動、活躍に深く感謝をしています。

CUHK の集中中国語コースは、日本人のような中国語を話さないアジア地域の学生のために中国圏で活躍するために必要な、ビジネスで活かせる競争力のある中国語を習得できるよう作られています。この中国語コースはすべての海外留学生が受ける事ができますが、特に日本語と中国語の両言語で漢字を理解できる日本人学生にとっては、短期間で必要な語学力を身につけるには最適なプログラムと言えるでしょう。

さらにダブルディグリー、そして 48 にのぼる世界のトップ MBA スクールとの交換留学制度は CUHK MBA 生にとって、東洋と西洋が交わる香港を拠点に、さらにインターナショナルな活動と経験の場を提供するプログラムです。アジアにおけるキャリア形成を目指すあなたにとっては、CUHK は最適な選択肢になるはずです。

Class Profile
(フルタイム／2015 年卒業生)

クラスサイズ (人)	82
出身国数 (ヶ国)	22
平均年齢 (歳)	28
平均就業期間 (年)	5.2
女性比率 (%)	29
既婚率 (%)	-
インターナショナル比率 (%)	93
平均 TOEFL スコア	-
平均 GMAT スコア	650

教育バックグラウンド (%)

科学	12
人文科学	10
マネジメント	17
エンジニアリング	20
経済／金融	23
情報科学	10
その他	9

MBA 以前の業種 (%)

金融	22
コンサルティング	10
IT	12
消費材メーカー	4
教育	0
ヘルスケア	5
製造／貿易／流通	13
会計／法律／専門業種	11
メディア／マーケティング	4
公務員／非営利団体	1
小売	4
運送	1
公益事業	1
軍隊	0
その他	12

就職状況ハイライト (最新データ)

卒業生数	87
求人企業数	100 以上
ポジション数	-
平均給与 (米ドル)	62,550
就職率 (%、卒業後 3 ヶ月以内)	90
キャリアスイッチ率 (%)	79
海外就職率 (%)	56

出身国・エリア (人)

日本	1
中国エリア	41
中国大陸	30
香港	6
台湾	5
韓国	3
ASEAN	5
インド	14
北米	5
ヨーロッパ	12
オセアニア	1
アフリカ	0
その他	2

香港科技大学 (HKUST)
The Hong Kong University of Science & Technology

HKUST BUSINESS SCHOOL 香港科大商學院
MBA PROGRAM

設立：1991 年
キャンパス：香港
MBA オフィス：香港、深セン、北京、上海
言語：英語
期間：12 ヶ月、16 ヶ月
授業料：54 万 5000 香港ドル（〜 6 万 9900 米ドル）
宿泊施設：あり
生活費（月間）：学内宿泊施設入居費 3800 香港ドル

グローバルランキング
- 2010 年から 13 年まで 4 年連続 世界トップ MBA10 校入り（Financial Times）
- 2012 年アジア No.1 MBA（Bloomberg BusinessWeek）
- 2013 年インターナショナルベスト MBA（2 年制）で世界第 3 位（Forbes）
- アジアの MBA で唯一トップグローバル MBA ランキング（Financial Times, Business Week, Forbes, The Economist）にランクインしている

教授陣
15 ヶ国以上からきた 70 名以上の教授陣。
すべてのフルタイム教員は博士号を有している（シカゴ大学、コロンビア大学、コーネル大学、復旦大学、ハーバード大学、マサチューセッツ工科大学、オックスフォード大学、プリンストン大学、スタンフォード大学、イェール大学等で博士号を取得）。

また、ウォルマート・チャイナの元 CEO や、IBM アジア・パシフィックのマーケティング・ヴァイスプレジデント、ゴールドマン・サックスのエグゼクティブディレクター、ダウ・ジョーンズ＆ロイターのマネージングディレクター等、実務経験豊富な教授陣がそろっている。

研究センター発行ケース数
以下の 12 のリサーチセンターを有している。
- Asian Financial Markets,
- Business Data Analysis
- Business Strategy & Innovation
- Economic Development
- Experimental Business Research
- Marketing & Supply Chain Management
- Organizational Research
- China Business & Management
- Asian Family Business & Entrepreneurship
- Business Case Studies, Electronic Commerce
- Investing

コアコース／選択コース
15 の必修科目と 70 超の選択科目があり、選択科目は 5 つのキャリアトラック（General Management in China、Consulting、Finance、Marketing、Entrepreneurship）に分かれている。

卒業生ネットワーク
5000 名以上の MBA、EMBA の卒業生、2 万 1000 名以上の経営学部卒業生。
MBA 卒業生コミュニティが勉強、就職に対するアドバイスを行っている。

交換留学
18 ヶ国、58 の提携校から選択可能（コロンビ

ア大学、ニューヨーク大学、ケロッグ経営大学院、シカゴ大学、バークレー、ロンドン・ビジネススクール、HEC経営大学院、IEビジネススクール、ナンヤン工科大学、CEIBS等）。

ダブルディグリー（複数学位）
卒業生は1年間のイェール大学のMaster of Advanced Management Program、1セメスターのウィスコンシン大学ビジネススクールのGlobal Real Estate Master Programの学位取得プログラムに参加できる。

学生クラブ
Career clubを含む以下の19のクラブがある。
- China
- Marketing
- Finance
- Entrepreneurship, Consulting)
- Cultural Clubs (Korea, Japan, APAC, Hong Kong Connect)
- Industry Clubs (Energy Alliance, General Management & Operations, Healthcare, Real Estate, Tech)
- Social/ Community Clubs (Net Impact, Women Leadership, Wine Society, Sailing, Sports)

コンテスト・大会
学校がスポンサーとなり、生徒の半分はアジア、北米、ヨーロッパにおけるグローバルケース、ビジネスプランコンテストに参加できる（Hult Global Case Challenge、The Case - MIT Centre for Real Estate Competition、RSM Private Equity Competitionなど）。

論文
なし

キャリアセンター
MBA/MSc生向けにMBAキャリアワークショップ、ネットワーキング活動、企業の経営者と交流する機会、キャリアコーチング、会社訪問、アジアキャリアトレック等が用意されている。

また大学全体レベルで、大学のキャリアセンターが大規模のジョブフェア等をグローバル企業と開催している。

奨学金
Merit Scholarship
入学時成績上位10～20%の生徒に授業料の10～50%の奨学金

Need Based Grant
生徒の経済事情により授業料の10～25%の奨学金

Scholarship for Asians with International Exposure
アジア国籍の生徒に対し、授業料の25%の奨学金（条件：最低15年のアジア居住、大学の成績が良いこと、GMATスコアが高いこと、アジア外での就業もしくは就学経験が2年以上あること）

Scholarship for Women with Impact
大学の成績、GMATのスコアが良く、過去にローカルもしくはグローバルのコミュニティー、組織でポジティブなインパクトを残した女性生徒に授業料の25%の奨学金

詳細及び上記以外の奨学金については以下のサイトを参照
http://mba.ust.hk/ftmba/admissions/financialaid.htm

応募期間（直近の例、応募締切／入学申込締切）
① 2013/11/13　2014/2/7
② 2014/1/13　2014/4/11
③ 2014/3/13　201/6/6

連絡先
Tel　(852) 2358 7539
Email　mba@ust.hk
Web　mba.ust.hk
Unofficial HKUST MBA Japanese website
http://ja-mba-hkust.wikispaces.com/

日本の MBA 受験生へのメッセージ

Financial Times MBA ランキングで 4 年連続トップ 10 校に選ばれた HKUST の MBA は、アジア、中国市場に目を向けた真のグローバル経験を求める日本人にとって理想的なプログラムです。

アジアの中心である香港はアジア各国の市場に対する知見を高め、ネットワークを構築することができる最高のロケーションにあります。また香港は中国へのゲートウェイであり、中国ビジネス、文化を学ぶのに適した場所です。

クラスの約半分はアジア諸国から、残りはアジア以外の地域からの生徒で構成され、LBS、Columbia、NYU、CEIBS や NUS 等の 58 の提携校から交換留学先を選べる国際色豊かなプログラムを提供します。元ウォルマート・チャイナ CEO、ゴールドマン・サックスのエグゼクティブディレクター、IBM アジア・パシフィックのマーケティング・ヴァイスプレジデント等の実務経験豊富な教授陣から直接学ぶことができます。

Class Profile
（フルタイム／ 2015 年卒業生）

クラスサイズ（人）	106
出身国数（ヶ国）	31
平均年齢（歳）	30
平均就業期間（年）	6
女性比率（%）	36
既婚率（%）	N/A
インターナショナル比率（%）	97
平均 TOEFL スコア	100
平均 GMAT スコア	610-730*

教育バックグラウンド (%)

科学	11
人文科学	5
マネジメント	23
エンジニアリング	22
経済／金融	20
情報科学	8
その他	11

MBA 以前の業種 (%)

金融	29
コンサルティング	7
IT	9
消費材メーカー	4
教育	3
ヘルスケア	5
工業	12
法曹	0
メディア／マーケティング	2
公務員／非営利団体	4
小売	3
運送	5
公益事業	3
軍隊	0
その他	14

就職状況ハイライト（最新データ）

卒業生数	99
求人企業数	57
ポジション数	N/A
平均給与（米ドル）	82,000
就職率（%、卒業後 3 ヶ月以内）	95
キャリアスイッチ率（%）	76
海外就職率（香港外）	49
海外就職率（中国エリア外）	26

出身国・エリア (人)

日本	5
中国エリア	19
中国大陸	15
香港	3
台湾	1
韓国	12
ASEAN	10
インド	7
北米	16
ヨーロッパ	33
オセアニア	2
アフリカ	0
その他	2

香港大学 (HKU)
The University of Hong Kong

設立：2003 年
キャンパス：香港
MBA オフィス：香港
言語：英語
期間：14 ヶ月
授業料：46 万 8000 香港ドル
生活費（月間）：9000 〜 1 万 2500 香港ドル

グローバルランキング
2013 年度で 4 年連続アジア第 1 位、世界ランキングは 24 位。エコノミスト 29 位、2014 年 FT29 位。

教授陣
アジアにおいて高い評価。
現在のアジアビジネス環境の視点を取り込んだ理論的かつ実践的な、トップクオリティの授業を提供する教授陣。

研究センター発行ケース数
Faculty of Business and Economics は、7 つの研究機関（Asia Case Research Centre, The Hong Kong Institute of Economics and Business Strategy, The Hong Kong Centre for Economic Research, Centre for Asian Entrepreneurship and Business Values, The Centre for China Financial Research, The Centre for Financial Innovation and Risk Management, The Chinese Management Centre）を持ち、研究、指導方法の開発を行う。

コアコース／選択コース
香港大学では基礎科目 11、選択科目 4-5 を履修。パートナーシップスクールで 4-5 の選択科目を履修する。

卒業生ネットワーク
5000 人以上のアルムナイネットーワーク

指導教育プログラム
現役 MBA 生にキャリアサポートなどを行うメンター制度あり

交換留学
ロンドンビジネススクール、コロンビア大学とのパートナーシップ制度あり

学生クラブ
4 つのクラブが存。
- Finance Club
- Consulting Club
- Industry/Luxury Club
- Entrepreneurship Club

キャリアセンター
Career Development Office（CDO）は自己分析、自己の経験に基づいた将来のキャリアアドバイスなどの下記のサポートを提供。事業会社と連携し MB 企業のプロジェクトに携われるプロジェクトもある。
- Becoming more aware of who you are in the work place (self assessment)
- How to Bridge your previous experience with your future aspirations
- You as a Personal Brand

- Case Cracking – a tool often used in the hiring process
- How to convey your Personal Story in an effective way
- How to be effective in Networking
- How to prepare for interviews in a new sector
- How to make the alliance between what you learn in your MBA classes and how to leverage that plus your past experience for your future role
- Projects - you may want to stay in the business world during your MBA – we are working with companies so that we can offer some "real projects" during your MBA

奨学金

Merit Scholarship……インタビュー、キャリアバックグラウンド、GMATなどに基づいて考慮される、能力主義に基づく奨学金が毎年数名に支給される。フルタイムMBA生全員が自動的に対象となり、別途の申し込みは不要。
- Women Leadership Scholarship
- Entrepreneurship Scholarship
- Young Professional Scholarship
- Anastasia & Ioannis Kavvathas Goldman Sachs Scholarship（EUからの学生に対し、10万香港ドル支給される制度あり。3人が対象となり1人はギリシャからの学生が対象とされる）

応募期間〈直近の例、応募締切／入学申込締切〉
① 　 2014/11/15
② 　 2015/1/24
③ 　 2015/3/25

連絡先

Tel 　 (852)3962 1267
Email 　 mbaadmissions@hku.hk
Web 　 www.mba.hku.hk

日本のMBA受験生へのメッセージ

香港大学フルタイムMBAは、他大学（ロンドン・ビジネススクール；ロンドン、コロンビア大学；ニューヨーク、香港／中国）とのパートナーシップ制度を含む14ヶ月の集中プログラムです。

香港大学とそのMBAプログラムは、香港と中国本土のビジネスカルチャーへの主要な参加者であり貢献者です。

昨今のMBA学生は、地域的、グローバル両方での成功と、最上級の教育を教授できる学習環境を提供するプログラムを望んでおり、同プログラムはそれらをまさに実現するために企画されています。アジアパシフィックと中国にフォーカスした香港大学のプログラムは、アジアだけでなくグローバルでキャリアを確立するための優れたアドバンテージを提供します。

Class Profile
(フルタイム／ 2015 年卒業生)

クラスサイズ（人）	59
出身国数（ヶ国）	15
平均年齢（歳）	28.6
平均就業期間（年）	5.6
女性比率（%）	46
既婚率（%）	N/A
インターナショナル比率（%）	97
平均 TOEFL スコア	N/A
平均 GMAT スコア	664

教育バックグラウンド (%)

科学	7
人文科学	12
マネジメント	19
エンジニアリング	20
経済／金融	27
情報科学	3
その他	12

MBA 以前の業種 (%)

金融	19
コンサルティング	8
IT	5
消費材メーカー	2
教育	1
ヘルスケア	1
工業	8
法曹	1
メディア／マーケティング	3
公務員／非営利団体	2
小売	0
運送	2
公益事業	0
軍隊	1
その他	6

出身国・エリア (%)

日本	3
中国エリア	38
中国大陸	N/A
香港	N/A
台湾	N/A
韓国	5
ASEAN	7
インド	31
北米	8
ヨーロッパ	5
オセアニア	0
アフリカ	0
その他	2

就職状況ハイライト (%、最新データ)

卒業生数就職率	91
賃金上昇率	89
キャリアチェンジ	
業界	41
職種	54
地域	54
業界, 職種, 地域	90
就労地域	
香港	51
中国本土＆台湾	28
その他アジア	4
インド	5
その他	5
業種	
金融	42
製造業、工業、他	24
その他	14
コンサル	10
IT	6
自営業	4
職種	
財務	33
ゼネラルマネジャー	19
事業開発	8
マーケティング	8
コンサルティング	7
IT	7
人事	6
その他	12
就職先	100 社以上

シンガポール国立大学 (NUS)
National University of Singapore Business School

設立：1965 年
キャンパス：シンガポール
MBA オフィス：シンガポール、上海
言語：英語
期間：17 ヶ月
授業料：S$58,000
宿泊施設：キャンパス内住宅あり（希望者が多い場合は抽選）
住宅費（月間）：800 ～ 1500 シンガポールドル
生活費（月間）：500 ～ 1000 シンガポールドル

グローバルランキング

NUSMBA はアジアパシフィック地域の中で継続的にトップランクに入っています。ファイナンシャルタイムスやエコノミストなどの独立機関による評価で、プログラムの質、教授陣の研究、卒業生が高く評価されています。

また、AACSB、EQIUS による認証も受けているうえ、GMAC カウンシル、エグゼクティブ MBA カウンシル、PIM（パートナーシップインマネジメント）、CEMS（コミュニティオブヨーロピアンマネジメントスクール）にも加入し、高いビジネス教育の基準を満たしています。

シンガポールの大学ランキング 1 位
QS World University Rankings, 2013
Times Higher Education World University Rankings 2013
Times Higher Education World Reputation Rankings 2013

シンガポールのビジネススクールランキング 1 位
QS Global 200 Top Business Schools Report 2012/13, Elite Global: Asia Pacific
The University of Texas, Dallas, Top 100 Business School Research Rankings 2012

アジアのランキング 1 位
Forbes for "Best International 2-year MBA Programme 2013"
QS World University Rankings, 2013

教授陣

教授陣は世界の著名な大学で PhD を取得し、広範な実務経験を兼ね備えています。幅広い西洋式のビジネス概念の知識と経験を深いアジアの視点の理解を組み合わせることで、最高の東洋と西洋のビジネス教育と研究を提供します。

NUSMBA プログラムはビジネスリーダー、教授、学生の意見に基づいて設計されています。NUSMBA プログラムで学生はより競争の激しい環境に必要なスキルを身につけます。厳しい学業の中で学生は重要な概念や分析手法について学んだうえで、コミュニケーション、リーダーシップ、対人関係、ネットワーキングスキルの能力開発も行います。

さらに、交換留学やスタディトリップを通じてさまざまな国での実際のビジネスについて学ぶことが強く推奨されています。ケースコンペへの参加や、クラブ活動でリーダーシップを発揮する場も用意されています。

専攻

ファイナンス専攻
ファイナンス業界の近年のトピックについて専攻し、国際ファイナンシャルマネジメント、プライベートエクイティ、M&A、オプションと先物、企業統治などを学びます。

ヘルスケアマネジメント専攻
NUS Saw Swee Hock School of Public Health との提携で提供される専攻です。アジアの枠組みの中で最高のグローバルヘルスケアの手法を統合しヘルスケアサービスのマネジメントを変革することを目的としています。

不動産専攻
Department of Real Estate at NUS と提携して提供される専攻です。不動産業界の実務家のニーズに合わせてデザインされたユニークなプログラムです。アジアの独特な背景の中で、最高の不動産ビジネスの手法を応用する特徴的なプログラムです。

マーケティング専攻
市場、顧客、マーケティングモデルを理解し、組織が勝つための戦略を異なる状況でアプローチすることを学びます。この専攻の学生は、戦略的マーケティング、ブランドコンサルティング、プロダクトマネジメント、国際マーケティング、広告、ダイレクトマーケティング、コンシューマーリレーション、セールスなどでのキャリアを目指す学生に適しています。

戦略・組織専攻
現代の組織行動や、組織が抱える戦略的課題について集中的に学びます。このプログラムの目的は、戦略マネジメントやプランニングや、オペレーションの最適化、人材管理の中で、革新の精神を醸成し、ビジネスプロセスを合理化することです。

コアコース／選択コース
NUSMBA は実務を重視し、ハイレベルなグローバルのビジネス教育と活況なアジア地域のユニークな視点を融合したカリキュラムを提供しています。これを実現するために、NUSMBA のカリキュラムは教授と実業界のプロフェッショナルのチームによって定期的に改善されています。これによって、必要とされる高いビジネス知識と、他の MBA 卒業生よりも際立った革新的な思考を確実に習得できます。

修了には 68 単位の取得が必要で、必修授業はフルモジュール（4 単位）を 8 クラス、ハーフモジュール（2 単位）を 4 クラス、合計で 40 単位、残りの 28 単位は選択科目です。

また、特に興味のある分野について NUS の他学部（語学、コンピューティング、工学、公共政策など）から、クロスファカルティモジュールとして単位を取得することも可能です。

卒業生ネットワーク
NUS 卒業生数　22 万人
NUS ビジネススクール　3 万 4000 人

指導教育プログラム
NUS ビジネススクールのキャリアサービスオフィスによるキャリアカウンセリング
卒業生によるメンターシッププログラム

コンサルティングプロジェクト
マネジメントプラクティカム（必修科目）で企業が実際に抱える問題に対してコンサルティングプロジェクトを実施します。

MBA の学生は授業の中で勉強したマネジメントスキルを活用しや概念、理論を実際のビジネスの中で応用することができます。学生が複雑なビジネスの課題を分析・解決することに加えて、このような統合的なプロジェクトの中で幅広い組織とともに働くなかで、戦略的課題を抽出および解決、ビジネスチャンスを発見、組織の競争力を強化、組織マネジメントの効果性を改善します。

プロジェクトを通じて学生と教授を実業界にア

ピールするだけでなく、マネジメントプラクティカムはコミュニティとの関係を強化し、学生が専門能力を通じて意義の高い貢献をすることができます。

[マネジメントプラクティカムの実例]
グローバルなヘリコプターメーカーが顧客中心に戻るために、NUSMBAの学生と、組織内の改革と顧客ニーズ把握の視点に立ったプロジェクトを実施しました。

NUSMBAチームは、車の所持、異なる顧客層の移動パターンの分析、公共交通機関やタクシーの有無、これらのサービスの価格、競合など詳細なシンガポール市場の分析を行いました。ヨーロッパや北アメリカでプレゼンスを持つカーシェアリングの会社がシンガポールやアジアの都市でのカーシェアリングのビジネスチャンスがあるという結果を得ました。この企業は提案を受け入れ、実行するための戦略について検討しています。

NGOの依頼を受けて、地域における資金集め活動の提案をすることを目的とし、NUSMBAチームはCSR（企業の社会的責任）活動を東南アジアで促進するためのキーとなるさまざまな要因について調査を行いました。この組織はNUSMBAチームの提案を実行する決断をしています。

マネジメントコミュニケーション

急激な進化を遂げるビジネスの世界で、リーダーシップはもはや地位や年齢に依存するものではありません。そのどちらもが、優れたビジネスリーダーに必要とされる、判断力、高い目標、鋭い分析を持ち合わせておりません。多くの社会環境で、善良な意図とアイディアはポジティブな影響力を持たずに良い結果を生むことはありません。効果的なリーダーになるためには、特定の環境において、特定の目的のために、特定の人に、何が影響を与えるのか十分に理解する一方で、疑念を晴らし、明確に説明し、恐怖に打ち勝たなくてはなりません。

マネジメントコミュニケーションのなかで、以下の影響力のあるリーダーに必要な概念を学び、身につけることでビジネスの世界での鋭さに磨きをかけます。
- マネジメントコミュニケーションでの背景の理解、プレッシャー、判断の重要性
- さまざまなビジネス環境とリーダーシップスタイルにおいて、効果的に影響を与える戦略を策定する上での原則
- 一人が達成したいことでなく、仲間と共有の結果への集中
- 個々人のマネジメントコミュニケーションの強みと弱み
- チームに前向きな学習とリーダーシップの文化の構築

交換留学

1セメスターを世界60以上の提携大学で交換留学することができます。NUSMBAは提携校からの留学生も受け入れており、彼らの存在がNUSMBAのダイナミックな学習環境の一助ともなっています。
- コロンビア大学ビジネススクール（アメリカ）
- デューク大学フュークア・ビジネススクール（アメリカ）
- ニューヨーク大学スターン・ビジネススクール（アメリカ）
- カリフォルニア大学ロサンゼルス校アンダーソン・ビジネススクール（アメリカ）
- ブリティッシュコロンビア大学ソウダー・ビジネススクール（カナダ）
- コペンハーゲン・ビジネススクール（デンマーク）
- HEC パリ（フランス）
- マンハイム・ビジネススクール（ドイツ）
- ロンドン・ビジネススクール（イギリス）
- ESADE ビジネススクール（スペイン）
- IE ビジネススクール（スペイン）
- ガジャ・マダ大学（インドネシア）
- 清華大学経済管理学院（中国）
- 香港科技大学商学院（香港）
- ソウル大学校（韓国）

その他、欧米・中近東・アジアの大学と提携

ダブルディグリー（複数学位）
- NUS–HEC パリ　ダブルディグリー MBA
- NUS– 北京大学　ダブルディグリー MBA
- S3 アジア MBA –復旦大学、高麗大学、シンガポール国立大学とのダブルディグリープログラム
- NUS MBA – リー・クアン・ユー公共政策大学院 MPA/MPP ダブルディグリー
- NUS MBA – イェール MAM ダブルディグリー

学生クラブ
- スチューデントカウンシル
- プロフェッショナルクラブ（アントレプレナークラブ、ソーシャルインパクトクラブ、ウーマンインビジネスクラブ、ファイナンスクラブ、マーケティングクラブなど）

コンテスト・大会

Cerebration：世界最大規模のビジネスケースコンペ
Cerebration は NUSMBA の学生によって毎年開催されるグローバルビジネスケースコンペです。国際化を目指すアジアのリーディングカンパニーの実際のケースが使用されます。これらのケースは企業の戦略、オペレーション、人材、ファイナンスの側面から参加チームの総合的な組織に対する理解と、彼らがどのようにアジアの中でグローバルなビジネスを展開するかが競われます。

ビジネスケースコンペ
将来のビジネスリーダーたちと積極的な高度な知的競争に参加することを目的として、NUSMBA はロサンジェルス、バンコク、ラスベガス、香港などで開催される海外のビジネスコンペティションに参加する機会を設けています。

学生たちは海外のケースコンペに出発する前に、The NUS MBA Business Case Competition Team から研修を受けます。これらのケースコンペへの参加を通して、自分たちの知識、プレゼンテーション、コミュニケーションのスキル、すばやい思考を世界のビジネススクールを相手に試すことができます。

論文
必要なし

キャリアセンター
NUS ビジネススクールのキャリアサービスオフィスが、リクルートメント＆ネットワーキングイベント、フルタイムおよびインターンの募集、キャリアコンサルティング、キャリアスキルワークショップ等を主催。

奨学金

The NUS MBA Study Awards
合計で 100 万シンガポールドル以上の The NUS MBA Study Award が支給されます。対象は国籍に関係なく、優れた人格と突出した有望な経歴を持つすべてのフルタイムの学生です。審査は、経歴、出願時のパフォーマンス、リーダーシップポテンシャルを元にもとづいて行われます。
- Dean's Award：5 万 8000 シンガポールドル
- Director's Award：3 万 8000 シンガポールドル
- Excellence Award：1 万 8000 シンガポールドル
- Achiever Award：8000 シンガポールドル

入学許可を受理したすべてのフルタイムの学生が自動的に審査の対象となります。奨学金は授業料から差し引く形で支給されます。

The NUS MBA Women-In-Business Scholarship
NUSMBA で学びビジネスプロフェッショナルとして成功を収める女性を支援することを目的としています。優秀な学部学位と GMAT スコアを達成し、強力なリーダーシップを発揮し、ローカルまたはグローバルのコミュニティや組織に良い影響を与えた女性がこの奨学金に応募することができます。支給額は一人につき 1 万 8000 シンガポールドルです。

その他多数（THE NUS Alumni Loyalty Grant、NUS Staff Concession など）

応募期間（直近の例、応募締切／入学申込締切）

① 2014/1/31 　出願後 6 〜 10 週間後
② 2014/3/31

連絡先
Tel　(65) 6516 2068
Email　mba@nus.edu.sg
Web　mba.nus.edu

日本の MBA 受験生へのメッセージ

MBA の国選びは MBA の学校選びと同様に重要です。シンガポールの経済は好調で良好なビジネス環境があり、学校でも職場でも英語が使用されています。

NUS は 17 ヶ月のフルタイム MBA プログラムで体系的なビジネス教育を提供しており、シンガポール国内でのインターンシップ、シンガポール国外でのスタディトリップ、交換留学制度等を通じて、世界で学ぶことができます。

MBA プログラムは企業の要望にあわせ定期的に内容が変更されます。現在のカリキュラムには新しくマネジメントプラクティカムが追加され、将来のリーダーが難しい状況の中で大きな成果を出すためのスキルを習得できるようなプログラムになっています。

さらに NUS にはさまざまな国とバックグラウンドを持った学生が集まってきます。毎年 30 ヶ国以上から学生があつまり、授業で学びの多いディスカッションが展開されています。

Class Profile
（フルタイム／ 2015 年卒業生）

クラスサイズ（人）	71
出身国数（ヶ国）	18
平均年齢（歳）	29
平均就業期間（年）	5.5
女性比率（%）	28
既婚率（%）	N/A
インターナショナル比率（%）	91
平均 TOEFL スコア	100
平均 GMAT スコア	672

教育バックグラウンド（%）

科学	15
人文科学	15
ビジネス／マネジメント	22
エンジニアリング	26
経済／ファイナンス	5
情報科学	7
会計	3
その他	7

MBA 以前の業種（%）

金融	26
コンサルティング	6
IT	21
消費財メーカー	15
教育	0
ヘルスケア	10
工業	4
法曹	0
メディア／マーケティング	3
公務員／非営利団体	4
小売	2
運送	0
公益事業	0
軍隊	0
Real Estate	6
その他	3

就職状況ハイライト（最新データ）

卒業生数	100
求人企業数	N/A
ポジション数	N/A
平均給与（シンガポールドル）	82,825
就職率（%、卒業後 3 ヶ月以内）	92
キャリアスイッチ率（%）	N/A
海外就職率（%）	40

出身国・エリア（人）

日本	6
中国エリア	18
中国大陸	14
香港	0
台湾	4
韓国	4
ASEAN	16
インド	19
北米	1
ヨーロッパ	3
オセアニア	1
アフリカ	0
その他	3

早稲田 – ナンヤンダブル MBA
Nanyang-Waseda Double MBA

創設者：大隈重信（早稲田大学）／ Lin Yu Tang（ナンヤン工科大学）
設立：1882 年（早稲田大学：ビジネススクール創設は 1973 年）
　　　1991 年（ナンヤン工科大学）
キャンパス：シンガポール（8 ヶ月）／東京（4 ヶ月）
MBA オフィス：シンガポール／東京
言語：英語
期間：14 ヶ月（授業期間は実質 12 ヶ月）
授業料：6 万 3000 シンガポールドル（入学者には 8000 シンガポールドルの補助金あり）
宿泊施設：Graduate Halls（ナンヤン工科大学）
　　　　　早稲田奉仕園（学生寮）
生活費：1400 シンガポールドル（シンガポール滞在期間）
　　　　15 万円（日本滞在期間）

グローバルランキング

早稲田大学ビジネススクール
- アジア 25 位（QS 世界大学ランキング 2013）

ナンヤン・ビジネススクール
- シンガポール国内 1 位、世界 32 位（フィナンシャルタイムズ・グローバル MBA ランキング 2013）
- シンガポール国内 1 位、アジア 4 位、世界 64 位（エコノミスト・グローバル・フルタイム MBA ランキング 2013）
- 世界 41 位（QS 世界大学ランキング 2013）

教授陣

早稲田大学ビジネススクール：教員数 143 名、ナンヤン・ビジネススクール：教員数 160 名＋産業界の実業家

研究センター発行ケース数

早稲田大学ビジネススクールの WBS 研究センターは質の高いエグゼクティブ教育プログラムで有名です。

ナンヤン・ビジネススクールの Asia Business Case Center は、世界で初めてアジア関連だけに特化したセンターとして設立され、これまでに 1000 以上のケースが作られています。

コアコース／選択コース

9 コア科目、Leading People Globally モジュール、13 専門科目、Japan Industry Study ゼミ、1 日本語科目

卒業生ネットワーク

約 400 名（在校生）
約 2500 名（早稲田大学ビジネススクール修了生）

指導教育プログラム

なし

コンサルティングプロジェクト

なし

交換留学

早稲田：427 校、ナンヤン：60 校

ダブルディグリー（複数学位）

修了要件を満たした方には、次の 2 つの学位

- 経営管理修士（専門職）早稲田大学
- Master of Business Administration, Nanyang Technological University

学生クラブ
社会活動、スポーツ、インダストリークラブ

コンテスト・大会
世界中のビジネス・コンペティションに参加

論文
Japan Industry Studies Paper

キャリアセンター
ナンヤン、早稲田ともにキャリアオフィス有り

奨学金
早稲田大学商学研究科専門職奨学金（DDプログラム）
日本人のみ応募可能な予約型奨学金（出願時に申請し合格発表時に採用が内定）。奨学金授与額：200万円

APEC奨学金（シンガポールを除くAPEC所属国のみ）
ナンヤンでフルタイムMBA取得を目指す以下のAPECメンバー各国（シンガポールを除く）の学生のみ応募可能：オーストラリア、ブルネイ、カナダ、チリ、台湾、香港、インドネシア、日本、マレーシア、メキシコ、ニュージーランド、パプアニューギニア、中国、ペルー、フィリピン、韓国、ロシア、タイ、アメリカ、ベトナム。シンガポール人、シンガポールの永住権取得者、及び他の奨学金獲得者は申請できない。

ADB JSP奨学金
ナンヤンでフルタイムMBA取得を目指すADB借入国メンバー各国の学生のみ応募可能

ASEAN奨学金
ナンヤンでフルタイムMBA取得を目指すASEANメンバー各国（シンガポールを除く）の学生のみ応募可能。シンガポール人、シンガポールの永住権取得者、及び他の奨学金獲得者は申請できない。

ナンヤンMBA奨学金
メリットベース。他の奨学金獲得者は申請できない。授与額 - フルタイムプログラム授業料の一部。

QSコミュニティー及びQSリーダーシップ奨学金
この奨学金は、並外れたリーダーシップポテンシャルと革新的な考え方をもったQS World MBAツアーもしくはQS Grad Schoolツアーの参加者を見出すためのものである。奨学金授与額：1万米ドル。授与者数：MBA生1名、大学院生1名。

MBAツアー奨学金（Peter & Alice von Loesecke Scholarship Foundation）
MBAツアーは「Peter and Alice von Loesecke Scholarship Foundation」と呼ばれる奨学金基金を設立した。本基金の目的は、奨学金の基準を最も良く体現し、かつMBAプログラムの最中も奨学金の目的に沿った興味を持ちつつ、それを引き続き体現する候補者に対し、毎年2つ（2万米ドル）の奨学金が授与される。基金は奨学金授与の基準を毎年公表する。

応募期間（直近の例、応募締切／入学申込締切）
① 10/1 〜 12/31　Admissions Committee
② 1/1 〜 3/31　Admissions Committee

連絡先
Tel　(65) 6790 6183/4835
Email　nbsmba@ntu.edu.sg
　　　waseda@ntu.edu.sg
　　　wbs@list.waseda.jp
Web　www.nanyangmba.ntu.edu.sg
　　　www.waseda.jp/wbs/ntu

日本のMBA受験生へのメッセージ
早稲田とナンヤン、ビジョンとミッションを同じくする2つのトップビジネススクールは、特

にアジアにフォーカスしたグローバル・ビジネスへの展望を、14ヶ月間の学びを通して提供します。

アジアでもっとも活力に満ちた2つの国であるシンガポールと日本の後押しによって、このプログラムで学ぶ学生たちは、視野を広げ最新のビジネス界への洞察を深めるとともに、刺激的で多様性に富んだ学習環境と、世界中に広がる強いビジネスネットワークを育むかけがえのない機会を得ることができます。

早稲田-ナンヤンダブルMBAプログラムは、ビジネスの世界を革新する情熱をもち、自らのキャリアを未来へ前進させたいと願う才能あるプロフェッショナルたちを、魅了し続けています。

2つの価値あるMBA、両校の高い名声……世界の舞台での成功が皆さんを待っています。

Class Profile
（フルタイム／2015年卒業生）

クラスサイズ (人)	7
（WBS：200名、NBS：100名）	
出身国数 (ヶ国)	5
平均年齢 (歳)	28
平均就業期間 (年)	6.1
女性比率 (%)	14
既婚率 (%)	0
インターナショナル比率 (%)	100
平均TOEFLスコア	102
平均GMATスコア	650

教育バックグラウンド (%)

科学	29
人文科学	0
マネジメント	0
エンジニアリング	43
経済／金融	14
情報科学	0
その他	14

MBA以前の業種 (%)

金融	14
コンサルティング	0
IT	0
消費材メーカー	86
教育	0
ヘルスケア	0
工業	0
法曹	0
メディア／マーケティング	0
公務員／非営利団体	0
小売	0
運送	0
公益事業	0
軍隊	0
その他	0

就職状況ハイライト (最新データ)

卒業生数	11
求人企業数	N/A
ポジション数	N/A
平均給与	N/A
就職率 (%、卒業後3ヶ月以内)	45
キャリアスイッチ率 (%)	64
海外就職率 (%)	55

出身国・エリア (人)

日本	1
中国エリア	0
中国大陸	0
香港	0
台湾	0
韓国	0
ASEAN	3
インド	3
北米	0
ヨーロッパ	0
オセアニア	0
アフリカ	0
その他	0

ナンヤン工科大学 (NTU)
Nanyang Technological University

創設者：Lin Yu Tang
設立：1991年よりMBAコースを開講
キャンパス：シンガポール
MBAオフィス：シンガポール
言語：英語
期間：12ヶ月(社費留学生向けの24ヶ月オプションもあり)
授業料：5万5000シンガポールドル
宿泊施設：学生寮あり(夫婦・カップル用の部屋数は制限あり)
生活費(月間)：1400シンガポールドル

グローバルランキング
- Financial Times Global MBA Ranking 2013　シンガポール内1位、世界32位。
- The Economist Global Full-Time MBA Ranking 2013　シンガポール内1位、アジア4位、世界64位。
- QS World University Rankings 2013　世界41位。

教授陣
160人の講師＋非常勤講師

研究センター発行ケース数
世界で始めてとなるアジアにフォーカスをしたアジアビジネスケースセンターを設立。これまでに1000以上のビジネスケースを発信している。

コアコース／選択コース
9つのビジネス必修科目の他、グローバルリーダーシップ学も必修。選択教科として4科目の履修、その他にもSPAN（ビジネス戦略実習）、ビジネススタディミッション（ビジネス現地実習）の履修も必要。

卒業生ネットワーク
世界5大陸に3000人以上

指導教育プログラム
特になし

コンサルティングプロジェクト
SPAN（Strategy Projects @ Nanyang）にて実習

交換留学
任意。夏休みもしくは、1学期間を使い、約60校のパートナー校へ交換留学可能。

ダブルディグリー（複数学位）
ナンヤン－早稲田、ナンヤン－ザンクトガレン（スイス）、ナンヤン－ESSEC（フランス）。

学生クラブ
社交クラブ、スポーツクラブ、産業研究クラブなどが活動。

コンテスト・大会
世界中のビジネスケースコンペティションに参加している。

論文
なし

キャリアセンター
小規模だが、献身的なキャリアオフィスが

MBA 学生のキャリアをサポート。

奨学金

- **APEC Scholarship**（APEC メンバー国のみ対象シンガポール人は除く）……以下のシンガポールを除く APEC メンバー各国出身の生徒に対し MBA フルタイムプログラムへの応募が可能：オーストラリア、ブルネイ、カナダ、チリ、台湾、香港、インドネシア、日本、マレーシア、メキシコ、ニュージーランド、パプアニューギニア、中国、ペルー、フィリピン、韓国、タイ、米国、ベトナム。
- **The NANYANG MBA Scholarship**……各自の条件により、学校に何らかのメリットがあると判定されれば給付。他の奨学金との併用は不可。学費の一部をカバーする。
- **ASEAN**……シンガポールを除く ASEAN 加盟国出身の学生は応募可能。
- **QS Community and QS Leadership Scholarships**……QS World MBA Tour か QS World Grad School Tour の参加者で並外れて強い利ダーシップの素質及び革新的な思考能力を示した学生にたいし授与される。支給額は 1 万米ドル。
- **MBA Tour Scholarship** [Peter & Alice von Loesecke Scholarship Foundation]……"Peter and Alice von Loesecke Scholarship Foundation" は 2 万米ドルを毎年奨学金として寄贈している。対象となる学生は、奨学生としての選考基準を最も高い評価で満たした学生であるが、選考基準については、毎年発表される。

応募期間（直近の例、応募締切／入学申込締切）

① 10/1 〜 12/31　Admissions Committee
② 1/1 〜 3/31　Admissions Committee

連絡先

Tel　　(65) 67906183/4835
Email　nbsmba@ntu.edu.sg
Web　www.nanyangmba.ntu.edu.sg

日本の MBA 受験生へのメッセージ

The NANYANG MBA は、シンガポールという最も理想的なロケーションを充分に活かした、アジアエリアへの強い意識とグローバルリーダーの育成に重点をおいた世界でも有数の 12 ヶ月 MBA プログラムです。ぜひ出願を検討してください！

Class Profile
（フルタイム／ 2015 年卒業生）

クラスサイズ (人)	72
出身国数 (ヶ国)	20
平均年齢 (歳)	30
平均就業期間 (年)	6
女性比率 (%)	35
既婚率 (%)	N/A
インターナショナル比率 (%)	83
平均 TOEFL スコア	N/A
平均 GMAT スコア	670

MBA 以前の業種 (%)

金融	11
コンサルティング	23
IT	17
消費材メーカー	14
教育	0
ヘルスケア	3
工業	0
法曹	0
メディア／マーケティング	0
公務員／非営利団体	13
小売	0
運送	0
公益事業	0
軍隊	0
その他	19

出身国・エリア (人)

日本	6
中国エリア	11
中国大陸	11
香港	0
台湾	0
韓国	5
ASEAN	28
インド	11
北米	3
ヨーロッパ	6
オセアニア	0
アフリカ	1
その他	1

シンガポール経営大学（SMU）
Singapore Management University

創設者：Dr. Tony Tan（現シンガポール大統領）
設立：2000 年
キャンパス：シンガポール
MBA オフィス：シンガポール
言語：英語
期間：12 ヶ月
授業料：6 万 0990 シンガポールドル（税込）
宿泊施設：Not applicable
生活費（月間）：約 1500 シンガポールドル（宿泊施設入居費、交通費、食費など含む）

グローバルランキング
SMU はビジネスにフォーカスしたシンガポールで唯一の国立大学であり、LKCSB は the University of Texas at Dallas's Worldwide business school rankings でアジア 3 位に位置づけられています。また、AACSB と EQUIS の認定を受けています。MBA プログラムを開始してから 5 年であるため、まだ FT のランキングには掲載されていません。

教授陣
SMU MBA は SMU に設置されている 6 学部の教員によって授業が行われており、ファカルティの多くは国際的な教育機関で学位を多く取得しています。また、傑出したビジネスリーダーとの交流を多く行い、アカデミックに偏ることのない教育を行なっています。

研究センター発行ケース数
SMU はアジア企業や欧米企業のアジアにおけるビジネスに重点を置いたケースを作成しており、これらのケースは 24 ヶ国、52 の大学と 7 の企業において使用されています。また、Singapore Human Capital Summit などにおいても注目されています。

コアコース／選択コース
- 必修科目：8
- 副必修科目：4
- 選択科目：10

必修科目はプログラム前半の平日昼間に行われ、その他の科目は主にプログラム後半の平日夜間もしくは週末に行われる。選択科目ではパートタイムの学生と同じ授業を受けるため、より多くのネットワーキングの機会を得られます。

卒業生ネットワーク
SMU MBA Alumni では定期的に交流活動やイベントを行なっています。詳しくは下記のウェブサイトをご覧ください。
http://business.smu.edu.sg/mba/student-profiles

交換留学
以下の大学等とのパートナーシップがある。
- ブリティッシュコロンビア大学（カナダ）
- IE ビジネススクール（スペイン）
- ザンクトガレン大学（スイス）
- ソウル大学校（韓国）
- 慶應義塾大学（日本）

学生クラブ

以下をご覧ください。
http://studentlife.smu.edu.sg/student-life/student-life-overview for more information

キャリアセンター

SMUは国内外3000以上の企業と関係を築いてきました。詳しくは下記のウェブサイトをご覧ください。
http://www.smu.edu.sg/smu/info/career-services/career-counselling

奨学金

Leadership Scholarships/Community Impact Scholarships/Entrepreneurship Scholarships

SMU MBAスカラーシップはフルタイム、パートタイムのどちらの学生でも応募できます。奨学金は1万シンガポールドルから1.5万シンガポールドルが支給され、返済の必要はありません。詳しくは下記のURIまでアクセスしてください。
http://business.smu.edu.sg/mba/financial-assistance

Diversity Scholarships/Academic Excellence Scholarships

ダイバーシティ奨学金、成績優秀者奨励奨学金には特別な申請は必要ありません。お問い合わせは、MBA事務局（mba@smu.edu.sg）までお願いします。

BW Maritime Scholarships

BWマリタイム奨学金は、世界大手の海運会社であるBWグループによる奨学金で、エネルギー業界での経験がある、あるいはエネルギー業界に強い興味がある候補者に向けた奨学金です。当奨学金は1名あたり1.5万シンガポールドルが支給され、返済の必要はありません。

Mastercard MBA Scholarships for Women

マスターカードMBA奨学金は、将来強いリーダーシップを発揮し、コミュニティーの発展に貢献する熱意のある女性のための奨学金です。当奨学金は1名あたり2万シンガポールドルが支給され、返済の必要はありません。

応募期間（直近の例、応募締切／入学申込締切）

① 2014/3/1
② 2014/7/18
③ 2014/10/15

連絡先

Tel (65) 6828 0882
Email mba@smu.edu.sg
Web www.smu.edu.sg/mba

日本のMBA受験生へのメッセージ

日本から近く、世界で最もビジネスを行いやすいシンガポールのMBAで勉強しませんか？シンガポールは世界で最も失業率の低い国の一つであり、同時に外国人が職を得やすい国でもあります。また、都市開発が進んでおり、近代的で、国際色豊かな環境も提供できます。これらは国際的なコンサルティング会社マーサーによるQuality of Living Servey 2011でも「アジアで最も働きやすく、住みやすい国」として評価されています。

SMU MBAでは下記のようなプログラムを提供しています。

- 通常の分析的なスキルだけでなく、リーダーシップ、コミュニケーション、ネゴシエーションに関する能力開発に力を入れています。
- アジアの視点を取り入れたケースやアジア企業に関するケースを授業で使用するだけでなく、SMUで制作しています。
- 比較的小さなクラスサイズを維持することで、個々の学生に目が行き届いた指導ができます。
- フルタイムで1年、パートタイムで最短1.5年で卒業できる非常に集中的なプログラムであり、一線から離れる期間を短く抑えることができます。
- カンファレンス形式での授業を中心としており、講師と学生との間で頻繁にコミュニケーションができる授業となっています。

SMU MBA はゼネラルマネジメントプログラムですが、学生はマーケティング、ファイナンス、もしくは経営のいずれかを専攻することもできます。

SMU MBA に関する情報は下記のウェブサイトをご参照ください。

- Our online presentation (Webinar)
  https://event.webcasts.com/viewer/event.jsp?ei=1015874.
- An interview with our MBA valedictorian, Mr Sander Bogdan
  http://www.youtube.com/watch?v=Ok4_0WUBkPA
- The SMU MBA video
  http://www.youtube.com/watch?v=jWOWgcoSyxl&list=PLSebW9b7q6Fa8vjzcRU7QJdsQenVpc5b1

Class Profile
（フルタイム／ 2015 年卒業生）

クラスサイズ（人）	61
出身国数（ヶ国）	12
平均年齢（歳）	29.4
平均就業期間（年）	5.7
女性比率（%）	30
既婚率	-
インターナショナル比率（%）	72
平均 TOEFL スコア	-
平均 GMAT スコア	652

教育バックグラウンド（%）

科学	20
人文科学	22
マネジメント	13
エンジニアリング	40
経済／金融	-
情報科学	2
その他	3

MBA 以前の業種（%）

金融	20
コンサルティング	13
IT ／ e コマース	9
消費材メーカー	4
教育	9
ヘルスケア	4
工業	5
メディア／マーケティング	7
政府	9
サービス	4
製造	7
その他	9

就職状況ハイライト（最新データ）

卒業生数	55
求人企業数	21
平均給与（シンガポールドル）	60,000 - 80,000
就職率（%、卒業後 3 ヶ月以内）	100%

出身国・エリア（人）

日本	2
中国	7
韓国	1
ASEAN（シンガポール含む）	28
インド	20
北米	1
ヨーロッパ	1
その他	1

インド商科大学院 (ISB)
Indian School of Business

創設者：Rajit Kumar & Anil Kumar（マッキンゼー・アンド・カンパニー創立時のマネージングディレクター）

設立：1999 年

キャンパス：ハイデラバード、モハリ

MBA オフィス：ハイデラバード、モハリ

言語：英語

期間：12 ヶ月

授業料：174 万 4000 インドルピー

宿泊施設：入居可

生活費：平均年間 16 万 8000 インドルピー

グローバルランキング
AACSB 認可、Financial Times MBA Ranking 34 位（2013）、20 位（2012）

教授陣
ISB 専任教授：50 人
客員教授：毎年 100 人以上を招聘（LBS, MIT Sloan, Fletcher, Kellogg, Wharton, HKUST, Darden など）
AACSB 認可（2011）

研究センター発行ケース数
年間平均で 150 の論文を一流誌に寄稿

コアコース／選択コース
前半 6 ヶ月：基礎科目
後半 6 ヶ月：専門科目

卒業生ネットワーク
5200 人以上

指導教育プログラム
- Leadership Development Programme……ビジネスリーダーとしての基本姿勢・ソフト面を育てるため心理学を取り入れたプログラム
- Learning & Development Team……ISB 主催のインターンプログラム。毎年 200 社以上のインド企業だけでなくグローバル企業で働くスロットが用意されている(ITC 社、タタ自動車、ノバルティス、アマゾン、マイクロソフトなど)

交換留学
42 校、19 ヶ国（CEIBS、ESADE、ケロッグ経営大学院、ロンドン・ビジネススクール、イースト・アングリア大学ノリッジビジネススクール、フレッチャースクール、ウォートンなど）

学生クラブ
約 20 クラブ。活動内容はビジネス、スポーツ、社会活動やホビーに渡る。

コンテスト・大会
毎年インド国内・海外のコンテストに参加。ISB 主催では年に 4 つ（Global Social venture competition, ISB-Ivey global case competition, Global Social venture competition, Amazon Customer excellence challenge）。

奨学金
ISB Geographic 奨学金
エッセイ：願書と同時に提出（300 語以内）

金額：30万～150万インドルピー
定員：5人

Bridge to India 奨学金
エッセイ：願書と同時に提出（300語以内）
金額：50万～100万インドルピー
定員：5人

ISB - AIESEC 奨学金
資格：AISEC卒業生
金額：100万インドルピー

応募期間（直近の例、応募締切／入学申込締切）
① 2014/9/15　　2013/11/15
② 2014/11/14　 2014/2/15
③ 2015/1/15　　インタビューから3週以内

連絡先
Tel　　91-40-23187403/7415
Email　Intladmissions@isb.edu

Web　http://www.isb.edu/post-graduate-programme-in-management

日本のMBA受験生へのメッセージ

ISBの特徴は1年間の短期プログラムでありエッセンスを凝縮して習得できる環境であり、そして世界を旅せずとも各国のトップスクール（MIT、ウオートン、ケロッグ、ロンドン・ビジネススクールなど）の教授から学べることです。インドは人口12億人の巨大市場として注目されており、中間層だけでも4億人のマーケットが期待されています。ほとんどの学生が卒業後マネジメントとしてインド経済を担う存在としてキャリアを進めます。ISBの1年間で得たネットワーク・インドへの知見は、インド投資を進める日本にとって大きな力となるでしょう。ベストな教授陣と最先端の理論を学ぶと同時に、世界最大のBOP市場への理解を深めることができることが、ISBの特徴であり、日本からの受験生にとって魅力的だと信じています。

Class Profile
（フルタイム／2015年卒業生）

クラスサイズ（人）	770
出身国数（ヶ国）	10
平均年齢（歳）	27
平均就業期間（年）	5
女性比率（%）	25
既婚率（%）	75
インターナショナル比率（%）	3
平均TOEFLスコア	N/A
平均GMATスコア	711

教育バックグラウンド（%）

科学	5
人文科学	1
マネジメント	12
エンジニアリング	73
経済／金融	4
Fashion	2
その他	3

MBA以前の業種（%）

金融	13
コンサルティング	16
IT	23
消費材メーカー	4
教育	1
ヘルスケア	2
工業	7
法務	1
メディア／マーケティング	2
化学	1
インフラ／建設	2
運送	1
石油エネルギー	9
ハイテク・エレクトロニクス	2
その他	16

就職状況ハイライト（最新データ）

卒業生数	770
求人企業数	423
ポジション数	819
平均給与（インドルピー）	1,741,081
就職率（%、卒業後3ヶ月以内）	100
キャリアスイッチ率（%）	67

出身国・エリア（人）

日本	0
中国エリア	0
中国大陸	1
香港	0
台湾	0
韓国	1
ASEAN	10
インド	720
北米	24
ヨーロッパ	10
オセアニア	2
アフリカ	0
その他	3

ソウル大学校 (SNU)
Seoul National University Graduate School of Business

創設者：ハリー・B・アンステッド
設立：1946年10月15日
キャンパス：ソウル
言語：韓国語で授業が行われるMBAコースと、英語で授業が行われるGlobal MBAコースがある。
期間：18ヶ月
授業料：4300万ウォン
宿泊施設：49万ウォン
生活費（月間）：100万ウォン

グローバルランキング
国際化という観点ではこれからという感があるが、韓国内では絶対的なトップ校である。

教授陣
マーケティングや工程管理分野での強みのある教授が多い。マサチューセッツ工科大学（MIT）、コロンビア大学、ミシガン大学、ニューヨーク大学、カーネギー・メロン大学、ロンドン・ビジネススクール等の教授陣を招聘しての授業あり。

コアコース／選択コース
- Global MBA（英語での授業）
- MBA（韓国語での授業）
- Executive MBA（韓国語での授業、社会人向け）

卒業生ネットワーク
韓国内では最も強い結束力を持つ卒業生ネットワークであり、卒業後も同窓向けの各種イベントがある。

指導教育プログラム
必ず卒業生がメンターとして指導にあたる。

交換留学
世界各国の提携大学と短期～1年の交換留学生制度がある。

ダブルディグリー（複数学位）
アメリカのイェール大学やMITとダブル学位のオプションがある（選抜制）。

学生クラブ
各種学生によるクラブ活動は活発。ディベートクラブは特に活動活発。延世大学や梨花女子大学などと合同で活動。

コンテスト・大会
現代自動車によるケーススタディ大会などで入賞歴がある。

論文
必ず提出し、審査に合格しなくては卒業できない。

キャリアセンター
専任スタッフによる個別指導あり。

その他
外国人留学生には各種奨学金制度が手厚いので、ぜひチャレンジしてください。

奨学金

- **経営大学院奨学金**……授業料の免除あり（全額、半額、一部）
- **成績優秀者**……授業料の減免あり

応募期間 （直近の例、応募締切／入学申込締切）

① 2014/3/28　　2014/5/2（韓国人学生）
② 2014/3/28　　2014/5/23（留学生）

連絡先

Tel 82-2-880-1334
Email gmba@snu.ac.kr
Web http://gsb.snu.ac.kr/en

日本のMBA受験生へのメッセージ

ソウル大学校のグローバルMBA課程は、3つの特色があります。1つはアジア圏のビジネスに特化した英語による授業であり、韓国語ができない外国人留学生にも積極的に門戸を開いていること。2つ目は18ヶ月間の集中学習型であり、休職期間を短く抑えられること。3つ目は、まだ日本からの応募者は少ないことから、授業料減免や免除、さらには住居の敷金補助（※個別相談）など、手厚い支援を受けられる可能性が高いということです。同様の理由で、卒業後の就職にも他の求職者との差別化という点で有利です。

Class Profile
（フルタイム／2015年卒業生）

クラスサイズ（人）	41
出身国数（ヶ国）	10
平均年齢（歳）	31.6
平均就業期間（年）	5.9
女性比率（%）	43.9
既婚率（%）	N/A
インターナショナル比率（%）	31.7
平均TOEFLスコア	99
平均GMATスコア	663

教育バックグラウンド（%）

科学	N/A
人文科学	N/A
マネジメント	N/A
エンジニアリング	N/A
経済／金融	N/A
情報科学	N/A
その他	N/A

MBA以前の業種（%）

金融	N/A
コンサルティング	N/A
IT	N/A
消費材メーカー	N/A
教育	N/A
ヘルスケア	N/A
工業	N/A
法曹	N/A
メディア／マーケティング	N/A
公務員／非営利団体	N/A
小売	N/A
運送	N/A
公益事業	N/A
軍隊	N/A
その他	N/A

就職状況ハイライト（最新データ）

卒業生数	N/A
求人企業数	N/A
ポジション数	N/A
平均給与	N/A
就職率（%、卒業後3ヶ月以内）	N/A
キャリアスイッチ率（%）	N/A
海外就職率（%）	N/A

出身国・エリア（人）

日本	0
中国エリア	0
中国大陸	0
香港	0
台湾	0
韓国	28
ASEAN	0
インド	0
北米	0
ヨーロッパ	0
オセアニア	0
アフリカ	0
その他	13

おわりに

　アジア MBA の世界はいかがでしたか？

　この本を読んで、何か気付きがあった方には、ぜひ次の行動につなげていただきたいと思います。いろいろなアクションがあり得るでしょう。たとえば、気になったエリアに行ってみる、TOEFL を受験してみる、自分の周りにいる MBA 卒業生を探して話を聞いてみる……何でも良いです。この本では、アジアの MBA 主要校の留学体験記、学校情報を網羅しましたが、まだまだ伝えきれないものは残ります。次は、自分の五感を使って感じ、考えてみてください。より鮮明に「アジア MBA」が見えてくると思います。

　アジアは思っているより近いです。そして私たちもアジア人です。この最も身近な海外、そして勢いがあるアジア MBA には、日本ではなかなか味わえない、エキサイティングな何かがあります。ぜひ勇気を持って飛び出してみてください！　今後、より多くの日本人が、海外に、アジアに出て行き、アジア MBA ネットワークがますます発展していくことを期待しています。

　この本の執筆にあたっては本当に多くの方々にご協力いただきました。留学体験記を執筆していただいたアジア MBA 各校の 21 名の卒業生の皆さんは、現在は日本に限らずアジア各地で、様々な企業の重要なポジションを任され、昼夜を問わず多忙な毎日を送っている方々です。原稿執筆だけでなく各 MBA オフィスとのやり取りもすべて、ボランティアという形で携わっていただきました。改めて、このアジア MBA 生のネットワークとパワーを感じ、心から感謝しています。

なかでも、チャイナ MBA マネジメント協会（CMMA）の皆さん、特に代表の大内昭典さんには、アジア MBA のネットワークを広くつないでいただき、原稿の取りまとめなどでも多大なご尽力をいただきました。大内さん、そしてチャイナ MBA マネジメント協会のサポートなくしては、この本はできなかったと思います。

　また、この本を出版するきっかけを作ってくださった香港中文大学の牧野成史教授にも心からお礼申し上げます。私の話を聞き「だったら本を出してみれば」との助言をくださいました。そして、牧野先生から紹介していただいた、『世界の経営学者はいま何を考えているのか』（入山章栄著、英治出版）を読み、英治出版の高野達成編集長に出会うことができました。

　本の出版を企画してから1年半、ようやくひとつの形になったことを、とてもうれしく思います。この間、本を書く経験は初めてで、文章力はいまひとつ、思い先行型で話は散漫、そんな私の話をいつも笑顔で聞いてくださり、書いた文章を丁寧に読み、適切なアドバイスをくださった高野さんにもお礼を言いたいと思います。

　最後に、30歳を目の前にして、突然「会社を辞めて、海外に行こうと思う！」と言ったとき、そしてニューヨークで受験勉強をしていながら「香港、中国の MBA に行こうと思う！」と言ったとき、常に諸手を挙げて応援してくれた家族にも、とても感謝しています。ありがとう。

2014年6月　梶並千春

※　この本の著作権料（印税）はすべて今後の「アジア MBA」普及の活動、未来のアジア MBA 生のサポートのための資金とさせていただきます。

● 著者紹介

梶並千春　Chiharu Kajinami

筑波大学情報学類卒業後、6年間オールアバウトにて広告営業、商品企画、新規事業企画を経験。2009年 MBA 留学準備のため渡米。2010年から香港中文大学 MBA に留学、その後、北京大学光華管理学院に交換留学し、ニューヨーク、香港、北京と3都市に渡る海外生活を経て、2012年香港中文大学 MBA を取得し帰国。現在は大手広告代理店にてグローバル企業のマーケティングに従事。業務の傍ら、「アジア MBA」普及、未来の MBA 生のサポートのためフォーラム、セミナーに参加し講演を行う。

趣味は旅行、筋トレ、マラソン、ジム通い。香港、北京在住時には、中国20都市以上を訪問、今でもアジアを中心に年に10回以上は海外に出かける。

チャイナ MBA マネジメント協会 (CMMA)

チャイナ MBA マネジメント協会（CMMA: China MBA & Management Association、理事長：大内昭典）は、中国トップビジネススクールの卒業生を中心とし、メンバー同士の交流や研鑽を通じて、中国文化圏および日本中国間で活躍するトップ経営者人材の輩出を目指し活動する団体です。毎年、アジア MBA の普及イベント「アジア MBA 夏祭り」を企画・運営しています。URL：http://cmma.biz/

● 英治出版からのお知らせ

本書に関するご意見・ご感想を E-mail (editor@eijipress.co.jp) で受け付けています。
また、英治出版ではメールマガジン、ブログ、ツイッターなどで新刊情報やイベント情報を配信しております。ぜひ一度、アクセスしてみてください。

メールマガジン：会員登録はホームページにて
ブログ　　　　：www.eijipress.co.jp/blog/
ツイッター ID ：@eijipress
フェイスブック：www.facebook.com/eijipress

アジアで MBA
もっと気軽に、もっと成長できる場所へ

発行日	2014 年 7 月 20 日　第 1 版　第 1 刷
著者	梶並千春（かじなみ・ちはる）
発行人	原田英治
発行	英治出版株式会社 〒 150-0022 東京都渋谷区恵比寿南 1-9-12 ピトレスクビル 4F 電話　03-5773-0193　　FAX　03-5773-0194 http://www.eijipress.co.jp/
プロデューサー	高野達成
スタッフ	原田涼子　岩田大志　藤竹賢一郎　山下智也　鈴木美穂 下田理　田中三枝　山本有子　茂木香琳　木勢翔太 上村悠也　平井萌　土屋文香
印刷・製本	日経印刷株式会社
装丁	英治出版デザイン室

Copyright © 2014 Chiharu Kajinami
ISBN978-4-86276-184-2　C0034　Printed in Japan

本書の無断複写（コピー）は、著作権法上の例外を除き、著作権侵害となります。
乱丁・落丁本は着払いにてお送りください。お取り替えいたします。

● 英 治 出 版 の 本　　好 評 発 売 中 ●

世界の経営学者はいま何を考えているのか　知られざるビジネスの知のフロンティア
入山章栄著　本体 1,900 円+税

ドラッカーなんて誰も読まない!?　ポーターはもう通用しない!?　米国ビジネススクールで活躍する日本人の若手経営学者が世界レベルのビジネス研究の最前線をわかりやすく紹介。競争戦略、イノベーション、組織学習、ソーシャル・ネットワーク、M&A、グローバル経営……知的興奮と実践への示唆に満ちた全 17 章。

問題解決　あらゆる課題を突破するビジネスパーソン必須の仕事術
高田貴久・岩澤智之著　本体 2,200 円+税

ビジネスとは問題解決の連続だ。その考え方を知らなければ、無益な「目先のモグラたたき」を繰り返すことになってしまう──。日々の業務から経営改革まで、あらゆる場面で確実に活きる必修ビジネススキルの決定版テキスト。トヨタ、ソニー、三菱商事などが続々導入、年間 2 万人が学ぶ人気講座を一冊に凝縮。

ロジカル・プレゼンテーション　自分の考えを効果的に伝える 戦略コンサルタントの「提案の技術」
高田貴久著　本体 1,800 円+税

ロジカル・プレゼンテーションとは、「考える」と「伝える」が合わさり、初めて「良い提案」が生まれるという意味。著者が前職の戦略コンサルティングファーム（アーサー・D・リトル）で日々実践し、事業会社の経営企画部員として煮詰めた「現場で使える論理思考」が詰まった一冊。

イシューからはじめよ　知的生産の「シンプルな本質」
安宅和人著　本体 1,800 円+税

「やるべきこと」は 100 分の 1 になる。コンサルタント、研究者、マーケター、プランナー……生み出す変化で稼ぐ、プロフェッショナルのための思考術。「脳科学×マッキンゼー×ヤフー」トリプルキャリアが生み出した究極の問題設定&解決法。

Personal MBA　学び続けるプロフェッショナルの必携書
ジョシュ・カウフマン著　三ツ松新監訳　渡部典子訳　本体 2,600 円+税

スタンフォード大学でテキスト採用され、セス・ゴーディンが「文句なしの保存版!」と絶賛する、世界 12 カ国翻訳の「独学バイブル」。マーケティング、価値創造、ファイナンス、システム思考、モチベーション……P&G の実務経験と数千冊に及ぶビジネス書のエッセンスを凝縮した「ビジネスの基本体系」がここにある。

なぜ人と組織は変われないのか　ハーバード流 自己変革の理論と実践
ロバート・キーガン、リサ・ラスコウ・レイヒー著　池村千秋訳　本体 2,500 円+税

変わる必要性を認識していても 85%の人が行動すら起こさない──?　「変わりたくても変われない」という心理的なジレンマの深層を掘りこす「免疫マップ」を使った、個人と組織の変革手法をわかりやすく解説。発達心理学と教育学の権威が編み出した、究極の変革アプローチ。

TO MAKE THE WORLD A BETTER PLACE - Eiji Press, Inc.